U1006308

孩子的人生『卷』不赢

The Youth Will Win by Escaping the Rat Race

自己叩开幸福门 丛书主编 孙云晓

樊未晨 著

北京出版集团
北京出版社

主编总序
学生要先学会生存

学生，自然是指在学校学习的人。我却觉得学生二字有着更为深刻的含义，即：学生学生，就是要先学会生存，学会在自己身处的时代与社会中生存。

经过40余年的改革开放，我国的经济已有了全球瞩目的巨大变化，未来依然任重而道远。青少年的人生将与祖国的命运息息相关，因而关注国家命运，高瞻远瞩，应是学会生存的首要一课。

在此前提下，学会生存很重要的是还需要学会选择，比如做什么样的人？走什么样的求学路？进什么样的职场？过一种怎样的人生？等等。显然，这是关系到每个人一生幸福的重大事情，需要早做准备，早做规划，尤其需要以积极主动的心态来把握自己的前途、命运。这便是我们编写“自己叩开幸福门”丛书的宗旨。

什么是世界上最幸福的事情？在《你这辈子最大的成功，是有能力培养一个拥有幸福感的孩子》一文中，清华大学社会科学学院院长彭凯平教授介绍，1975年，美国著名心理学家米哈里－

希斯赞特米哈伊教授在研究中发现，那些特别成功的人，做到自己事业极致的人，并不是因为他们的智商比别人高，也不是因为他们的学历比别人好，更不是因为他们的家境比别人优越，唯一能够概括这些各行各业领军人物的特点是：他们做自己的工作和事业的时候，能够沉浸其中，物我两忘，酣畅淋漓，如醉如痴，忘掉时间，忘掉空间。这种全神贯注而产生的快乐心理体验，被米哈里称为“FIOW”，彭凯平将其翻译为“福流”。

“福流”是一个学术名词，但我们每个人都很容易理解，就是做自己喜欢又适合的事情，那种专心致志快乐愉悦的感受，就像幸福的暖流在全身涌动。为什么呢？因为兴趣使然，因为家国情怀，因为渴望探索与创造，因为充满自信，因为是成功的体验。这是他们的创造与幸福之源。

显然，让孩子拥有幸福，是父母们内心深处的强烈愿望，却在面对现实时有些茫然。实际上，无论是中国的俗语“三百六十行，行行出状元”，还是哈佛大学加德纳教授的多元智能理论，都告诉我们一个共同的道理：选择适合自己的道路，并且坚定不移地走下去，就是成功的人，就是幸福的人。

然而，仍有不少家庭与孩子，不了解国情与社会需要，也不了解自身的特长与爱好。数年前，中国青年报社会调查中心曾与搜狐新闻客户端、手机搜狐联合发起的一项调查（10005人参加）显示，当初在报考高考志愿时，67.0%的受访者并不了解自己所选的专业；67.9%的人承认，自己是“盲目的”；71.2%的受访者表示，如果有可能，想重新选择一次专业；92.1%的受访者认为，现在学生盲目选专业的情况很多，其主要原因有：高中阶段只注重学习，社会信息闭塞（57.9%），对高校专业了解有限（41.6%）。

对于不少青少年来说，职业教育是其发展必修课，也是人生幸福课。当然，本丛书所说的规划与选择绝不仅仅是具体的学业与职业，而是包括了视野与格局、人格与价值观，乃至人生理想与人生道路的选择。因为人格与价值观决定人生目标，人生目标决定职业选择，而视野与格局，甚至可以决定人生的成败。

谈及今天教育的挑战，不能不面对“内卷”的困扰。感谢中国青年报资深教育记者樊未晨，感谢她数年间两易其稿，在《孩子的人生“卷”不赢》一书中深刻剖析了教育的“内卷”，也指出了当前学校教育的困境和家庭教育的误区，让我们清醒地认识到孩子的人生“卷”不赢，也让我们在层层梳理中探寻教育的本质，并找到学生的出路。

她告诉我们，有数据显示，我国大学生毕业后就业与专业的相关度只有60%左右，也有人说自己所从事的职业跟自己大学四年所学的专业“一毛钱关系都没有”，甚至还有报道称，一些大学生毕业后为了更好找工作又到职业院校去“回炉”。究其原因，中国的孩子是缺少职业生涯规划的，甚至他们的整个人生都缺少科学规划。等到大学毕业才发现专业选择错了，浪费了最珍贵的青春好时光，令人何等痛惜！

可喜的是，樊未晨又将中国教育改革的最新信息传递给我们：高考综合改革正在“倒逼”学生们至少从高一入学起，就要对未来的学科兴趣和职业发展进行选择和谋划。这就要求广大青少年对自己要有比较清醒的认识，要在充分了解自己兴趣爱好、能力特点的基础上，还要真正倾听自己内心的声音，最好能找到“适合的”与“喜欢的”结合点。当然，学校和家长也要成为助力者而不是阻碍者，让孩子用自己的手叩开人生幸福之门，那将是何等乐事！

从事青少年教育近50年了，我一直坚信一个成长规律，即所谓天才，不过是选择了适合自己的道路。问题在于，怎么引导孩子发现自己的潜能优势？

感谢百年职校创始人姚莉理事长撰写了《做幸福的普通人》这样一本奇书，让我们欣喜地看到在一所职业学校里，学生能够发现自己的潜能，并学会把潜能作为一种优势选择适合自己的道路。无论是来自大凉山的彝族学生马巫打的命运转折，或是喜欢唱歌的羌族姑娘马龙英对养老服务的热爱，还有从小就想当老师的赵艺敏成为优秀的幼儿教育工作者……百年职校的教育倾听学生的心声，并为学生搭建多元化的课程体系，帮助学生找到适合的、能够喜欢的成长路径。

百年职校是中国首家全免费的公益职业学校，它的教育理念独特而有意义。“做幸福的普通人”意味着它的教育是从人的全面发展出发，而非仅仅是让学生学会一门技能。为了实现育人目标，百年职校从培养习惯入手，姚莉说，我们倡导中国的传统理念：一屋不扫何以扫天下？在这里，“扫除力”是一门大课。学生只有先学会生存，才能承担责任，奉献他人和社会。难能可贵的是百年职校坚持以国际视野面向未来办教育，在教育创新上不懈努力。书中以大量案例介绍了百年职校如何为适应数字时代职业快速变化的特点，探索以学生为中心的各种教学法，培养学生自主管理和终身学习能力，值得同行们研究、思考。特别有趣的是这些案例还以多媒体的方式，把真实的画面带给读者，使读者身临其境。

职业教育是创造价值的教育，是面向人人的教育，是终身教育，在推动职业教育高质量发展的今天，百年职校的故事带来的启发与鼓舞令人欣慰。

上海市教育科学院副院长张钰表示，劳动适龄人口的受教育年限，体现了一个国家的人力资源发展水平，这是衡量核心竞争力及创新发展能力国际通用的基础指标。世界银行相关研究表明，劳动力人均受教育时间每增加一年，国内生产总值就会增加9%。可以说，职业教育关乎国家的创新能力，是振兴经济的重要基石。

毫无疑问，重视职业教育是全球发展的巨大动力。感谢李俊和刁文主编的《海外职业教育掠影》一书，让我们了解了英、德、日、美、韩及北欧诸国等地职业教育发展的历史和最新趋势。例如，20世纪70年代初，美国教育总署提出“生涯计划教育”，开始了从幼儿园到研究生阶段将普通教育和职业教育融合的“生计教育”，把两万种不同职业归纳为15个职业系列。小学阶段让儿童熟悉这些职业系列，培养儿童的职业意识；初中阶段学生开始学习他们感兴趣的职业知识，成绩记入教育学分。从2006年开始，美国职业教育确立了新的价值取向，即职业教育的目标定位，不再仅是教会学生一种谋生技能，而是教会学生选择职业，并将这个职业作为自己的终身事业。

人们常常用十年磨一剑来形容做事不易，本套丛书从策划到约稿再到反复推敲，想来已近十年之久。北京出版社原社长钟制宪、资深编辑隋丽君、赵萌，以及张丹等多位项目参与者都尽心竭力，为的无疑是成就无数青少年的幸福。对于肯奋斗的人来说成功在于选择，那么，“自己叩开幸福门”就是广大青少年，特别是中学生及其父母师友开卷有益的丛书，也是关注职业教育人士的必读之作。相信诸位作者与编者的十年心血与虔诚祝福，能让开卷者都得到真正的幸福。

孙云晓

2022年10月于北京云根斋

＊孙云晓系中国青少年研究中心研究员、中国家庭教育学会副会长。

目录
Contents

写给关心教育的你

在中国教育的“变”与“不变”中突围

如果我们给这两年的教育大事来个大合影的话，“双减”政策绝对有实力稳居“C位”。2021年7月24日，中共中央办公厅、国务院办公厅印发《关于进一步减轻义务教育阶段学生作业负担和校外培训负担的意见》。该政策旨在有效减轻义务教育阶段学生过重作业负担和校外培训负担，所以坊间形象地称之为“双减”。

“双减”政策提出的目标是：“学校教育教学质量和服务水平进一步提升，作业布置更加科学合理，学校课后服务基本满足学生需要，学生学习更好回归校园，校外培训机构培训行为全面规范。学生过重作业负担和校外培训负担、家庭教育支出和家长相应精力负担，1年内有效减轻、3年内成效显著，人民群众教育满意度明显提升。”

这两年教育界还有一个词颇为流行——“内卷”。

“内卷”，英文为involution，直观地说，“内卷”就是“向内演化”。现在一般用于形容某个领域中发生了过度的竞争，导致人们进入了互相倾轧、内耗的状态。更宽泛一点说，所有无向外发展意义的、发生于同伴之间的竞争与消耗，都可称为“内卷”。

应该说在“双减”政策出台之前，教育界的“内卷”状况已相当严重，形成了一个强大的焦虑场，身处其中的各方，无论是家长、学生还是教育工作者都陷入其中。为了赢，为了胜出，不断地给孩子的学习加码，报课外辅导班、提前学，导致很多孩子的睡眠时间被严重剥夺。教育部基础教育质量监测中心发布的《2018年国家义务教育质量监测——体育与健康监测结果报告》显示，我国四年级小学生睡眠时间达10个小时及以上的比例为22.2%，八年级学生睡眠时间达9个小时及以上的比例为19.4%。

2021年，教育部教育督导局披露了一份关于“双减”政策落实问题的问卷调查，结果显示，38%受访中小学生的就寝时间晚于规定要求。

这一年，教育部提出了“五项管理”，即加强中小学生作业、睡眠、手机、读物和体质管理。教育部称，这“五项管理”是为确保“双减”落地见效、促进学生身心健康发展的实际行动。其中睡眠管理，根据不同年龄段学生身心发展特点明确提出了睡眠时间要求：小学生每天睡眠时间应达到10小时，初中生应达到9小时，高中生应达到8小时。与上面数据相比，可见现实与理想之间的差距还是很明显的。

可以说，把“内卷”与“双减”这两个词放在一起，真实地还原了我国当前的教育生态：学生家长焦虑——“内卷”——更焦虑；教育管理部门减负——再减负……

“内卷”与“双减”相伴而行，此消彼长，甚至有人说学生的负担是越减越重。且不论二者之间是否确有这样的关联，但至少有一点是可以肯定的，减负的手段越来越严厉，说明之前的措施并没有奏效。

“双减”政策，可以说达到了减负政策的“天花板”，无论从政策的级别还是具体的措施来说，都是前所未有的。从表面上看，这是一个针对义务教育阶段学生学业负担的政策，但政策如果能够彻底实施并逐步发挥作用，改变的就应该不仅仅是学生的写作业时间，而是人们的教育观念。

既然孩子的人生“卷”不赢，那么能不能选择“躺平”？

当然不可以。这就如同指望守株待兔能等来精彩的人生一样渺茫。积极进取，永远是成功的先决条件。不过，不能靠“卷”，而是要靠人生大智慧——家长要客观地看待孩子、理性地分析环境、充分地了解信息，然后对孩子的人生发展进行科学的规划。

自我做教育记者以来，每年春夏都过得最为揪心，因为这个时候会有很多孩子悲壮地涌进高考考场。之所以说“悲壮”，是因为他们中的不少人是被“大拨儿轰着”走到了这里，他们对自己将来想从事什么职业、想过怎样的日子、想拥有什么样的人生，并没有清晰的目标和规划。所以几年后，当他们中的不少人走出大学校门时，依然是一脸茫然。有数据显示，我国大学生毕业后就业与所学专业的相关度只有60%左右，还有人说自己所从事的职业跟自己大学四年的专业“一毛钱关系都没有”，甚至还有报道称，一些大学生毕业之后为了更好找工作，又到职业院校去“回炉”了。

究其原因，我们看到中国孩子是缺少职业生涯规划的。其实，他们不仅缺少职业生涯规划，就连人生都是缺少规划的。

有人不同意，高考不也是一种规划？的确，这也是一种规划，但当以高校的名次为目标时，这种规划便会显出极强的排他性——大家只接受一种结果，想进“985”的考进了“211”是失败，想考本科的考进了高职是失败。在这种规划中，太多人是带着“失败者”心态的，在这种心态下进行的学习往往缺少内趋力，效果可想而知。

在我看来，中国的不少家长对孩子不是没有规划，而是太看重结果，以追求世俗标准的成功，压倒对孩子人格成长的关注，所以走上了一条集体功利主义的道路。

由此可知，中国的孩子缺少科学的人生规划。而在某些功利主义规划中，人是被抽象了的，是没有自己的思想、没有自己的个性、没有自己喜好的概念化的千人一面的人，在这样的规划中，人只是追逐成功的道具。

这些年教育政策有不少调整，每个教育政策的调整都会最终波及到每个孩子，这就像人们常说的蝴蝶效应：一只蝴蝶在南美洲的巴西轻拍翅膀，可以导致一个月后北美洲得克萨斯州的一场龙卷风。而教育政策乃至其带来的教育环境的任何一个小的变动，对于教育末端的孩子来说可能都会形成一个巨大的变化。比如，高考改革选科模式从“3+3”到“3+1+2”，看似仅是对其中一个科目选择的限制，但是对于每一个具体的考生来说，则是整个高考策略的改变，是整个高中阶段选科的变化，甚至是整个基础教育阶段学习的重新规划。而且，随着我国教育进入了改革的深水期，每一项变革都可能是对以往教育观念的突破或者颠覆，这些变化终将会影响到每一天的“老师的教”和“学生的学”。而改变将会成为常态。

跟变化的教育环境相比，相对比较稳定不变的是孩子的本性，这就是所谓“不变”的因素。虽然孩子也在成长变化，但是孩子天生的兴趣、个性特点、更擅长的方向是相对比较稳定的。

如果家长总是用变动的环境来指引着孩子的方向，那么这种变动往往会造成孩子的不适应，而孩子也会在这种变动中逐渐失去自我，变得越来越茫然。一个人一旦失去了行动的内在动力，最终是很难真正成功的。

所以，如果一些孩子幸运地走出了一条适合自己的路，那么这条路上一定凝结了孩子的努力和家长的智慧。

如果我们把每个孩子都看成一个独特的人，把世俗判断中的优点当成优势，把世俗判断中的缺点当成特点，那么每个孩子就都有机会走上一条属于自己的成功之路。每个孩子都被这样珍惜、对待了，他们才会变成一个个目中有人的人、有温度的人。

令人欣喜的是，我国教育正在变革中，非常重要的一个特征是，教育过程更关注人了，更关注在教育中发展变化着的孩子了。采访中我也慢慢发现，有越来越多的父母意识到了应该给孩子规划属于他们自己的人生。

越来越多的孩子开始拥有有血有肉的人生，这样的人生才是幸福的。

木书很多思想和观点来自我的从业经历。

我在《中国青年报》工作已20多年。在多年的新闻一线采访工作中，我深切体会到了中国社会对教育的重视，也深切体会到了孩子的教育在中国家庭中的位置。我目睹了很多孩子的成长经历，感受到了众多家长的焦虑和纠结，也看到了很多充满智慧的家庭因为孩子成功的教育而幸福指数很高，当然，也看到很多失败的教育事例。

本书不少文字来自我在《中国青年报》上刊发的稿件，其中案例均来自真实的生活，也许就发生在您的身边，相信很多人在阅读过程中会看到自己的影子。

特别感谢向我展示了成长故事的那些孩子和家长，他们的成长也是我的成长，他们的痛苦督促着我思考。因为工作的原因我有机会深入到每个故事内部，之后又能走出来，在故事与故事间寻找偶然和必然，从而试图为每一个具体的痛苦找到其背后的原因，也为每一个幸福的瞬间寻找可以复制的联结点。

因此，这本书的大部分内容，是我跟随着中国的孩子和家长一起成长的历程。而且我更幸运，有机会把这些成长变成文字，让更多关注中国教育、关注孩子成长的人加入这个成长的队伍，让我们的思考变成改革的力量。

为了保护家长和学生的隐私，故事中我大多使用了化名，也会根据需要，在细节上做一点点改动。

写于2022年10月

引　子

每年都会定时爆发的“普职比焦虑”

在不少人看来，中国的教育界存在着一条明显的“鄙视链”，其顶端是“985”“211”高校，而底端则是职业院校。家长们拼命“鸡娃”、拼命“卷”，就是为了把孩子“卷”进顶端高校，实在不行也要把孩子送进一所普通本科院校，无论如何也不能让孩子进入职业院校，甚至在很多人看来，进入职业院校就意味着孩子人生的失败。

这条“鄙视链”对社会的影响怎样？由此产生的焦虑又如何破解？

这两年，每到中考前后社会上就会出现一大波焦虑情绪：“普职比”“普职分流”“一半孩子将进不了普通高中”……

2021年6月，我在采访中遇到了一位北京初三学生家长，他当时就深深地陷入了这种焦虑中。

让他焦虑的事情有两个，一个是不久前微信公众号里推送的一条信息“教育部将落实1∶1普职比，可能一半学生上不了普高”；另一个是他儿子的模拟考试成绩在全区的排名。这位先生一家住在北京市海淀区，这是一个在北京乃至全国都赫赫有名的教育强区。“全区大概有两万名考生，我儿子的模拟成绩排名只在一万六千名左右。”

在他看来，这两条信息合起来指向了一个结论：自己的儿子有可能上不了普通高中。

当时，与这位先生有着同样焦虑情绪的家长并不少。采访中，我在一个聚集了很多家长的社区网站上看到了这样的留言：“成绩不好就只能上职校吗？高中毕业之后再进行分流不更好吗？希望让更多的孩子能上高中、上大学。”很多家长在这条留言下继续讨论，点赞者达到了上千个，还有家长义愤填膺地说：“如果说高考是战场，可能有一半的孩子连扛枪的资格都没有。”

总结起来，家长们的焦虑和抱怨就是：不想让孩子上职校。

那么，让很多家长焦虑无比的“普职比”，到底是什么？

所谓“普职比”，就是升入高中教育阶段的学生在普通高中和中等职业学校的比例。不过，家长们焦虑的“普职比大体相当”，并非什么新政策，推出已有近30年。

我国1985年颁布的中共中央《关于教育体制改革的决定》中，明确提出了“普职分流”和“普职比大体相当”的概念：“根据大力发展职业技术教育的要求，我国广大青少年一般应从中学阶段开始分流”，“力争在5年左右，使大多数地区的各类高中阶段的职业技术学校招生数相当于普通高中的招生数，扭转目前中等教育结构不合理的状况”。

2005年国务院出台的《关于大力发展职业教育的决定》中曾提到：“到2010年，中等职业教育招生规模达到800万人，与普通高中招生规模大体相当。”

2014年国务院颁布的《关于加快发展现代职业教育的决定》中也提出了“今后一个时期总体保持中等职业学校和普通高中招生规模大体相当”的目标。2020年9月教育部印发了《职业教育提质培优行动计划（2020—2023年）》，其中也提到了“保持职业教育与普通教育规模大体相当、相互融通”的目标。

政策这样规定，实际情况如何？

很多人在说到“普职比”时，会引用一个网上流传很广的2017年的全国各地普通高中录取率的统计数据。从这个数据可以看到，全国有10多个省市的普高录取率是在60%以上的，剩下的省市大多数是在50%~60%之间，最高的是陕西70.1%、吉林69.4%、黑龙江68.5%、内蒙古66.9%、北京65.2%、天津64.1%，最低的是云南49.2%。

这个数据是5年以前的，也就是说，当时相当一部分地区，“普职比”差不多是6∶4，真正达到5∶5是比较少的。

那么，现在的情况如何呢？

我找来了近几年教育部公开的《全国教育事业发展统计公报》和国家统计局官网的数据，梳理后发现，最近5年，我国高中阶段教育招生“普职比”基本维持在一个比较稳定的水平，在5.8∶4.2~5.9∶4.1之间，没有较大的波动，离引发“普职比”焦虑的1∶1尚有些距离。

从各省情况看，能达到“职业教育与普通教育规模大体相当”目标的省份也很少。我们从2022年北京市教委发布的《关于做好2022年高级中等学校考试招生工作的意见》中可以获知，2022年北京普通高中招生规模在7.4万人左右，中等职业教育招生规模在3.3万人左右，“普职比”大约是7∶3。2021年，北京普通高中招生规模为6.18万人，中等职业教育招生规模为2.77万人，普职比也大约为7∶3。

我又翻看了2020年各省《国民经济和社会发展统计公报》，发现，2020年北京市的普通高中招生占比为70%，江苏省普通高中招生占比为56%，而其他地区招生“普职比”大多在7∶3~5.6∶4.4之间。

我从一份权威分析报告中获悉：2011—2017年，中职学生数量分别为2205万、2113万、1923万、1755万、1657万、1599万、1593万，年均降幅10%。相比2010年，2017年中职学生数减少了644万人；中职学生数占高中阶段学生数比重由2011年的47.1%，下降到2017年的40.1%。

从以上数据分析来看，“普职比大体相当”是一个长远的、理想的目标，实际是没有达到的。从这个意义上说，每年都会定时

2016—2019 年《全国教育事业发展统计公报》、国家统计局官网
作图：张含琼

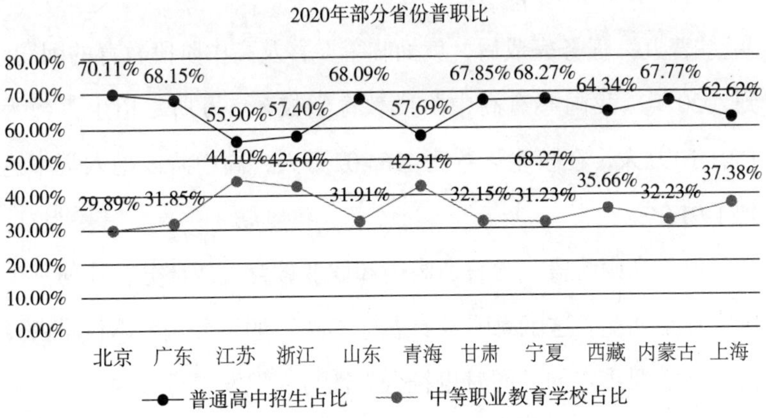

2020 年各省《国民经济和社会发展统计公报》
作图：张含琼

发作的“普职比焦虑”，实际上是家长们自己吓唬自己。

既然“普职比”是一个让家长焦虑的源头，为什么我们要进行普职分流？

回溯我国教育发展的历史，新中国成立初期，我国是一个不折不扣的“文盲大国”，小学净入学率仅为20%。初中阶段毛入学率为3.1%，而高中阶段的毛入学率仅为1.1%。摘掉“文盲”帽子，曾经是我国教育努力的方向。

1986年，《中华人民共和国义务教育法》开始实施。1992年，我国提出了“到本世纪末基本普及九年义务教育，基本扫除青壮年文盲”（以下简称“两基”），是我国教育事业发展的重要目标。到2001年1月1日，中国政府向全世界庄严宣布：中国已如期实现基本普及九年义务教育和基本扫除青壮年文盲的战略目标。截止到2000年年底，全国“普九”地区人口覆盖率达到85%，青壮年文盲率下降至5%以下。

“普九”任务完成后，就面临着要普及高中阶段教育的问题。到2020年，我国共有高中阶段教育学校2.45万所，招生人数为1521.10万人，在校生人数为4163.02万人，高中阶段毛入学率达到了91.2%。

但是高中阶段包含普通高中和职业教育这两部分，任何一个国家都是如此。这就意味着要进行“普”“职”分流，不仅是由经济发展需要决定的，同时也符合人性与人类发展客观规律。我们都知道，每一个人的天赋、性格特点、能力特点、兴趣爱好均有差异，也就是说，不是每个孩子都属于研究型人才，也不是每个孩子都喜欢读书，喜欢做学术研究，因此并不是每个孩子都适合或者都必须上普通高中，上研究型大学。

即使我们不进行这种逻辑推理，千百年来的社会现实，以及中国老百姓口口相传的“三百六十行，行行出状元”，说的不也是这个道理?

事实上，在我国提出“普职比大体相当”这一政策框架后，尤其是20世纪八九十年代，中等职业教育曾经为我国培养了众多技能人才，也为我国经济快速发展奠定了基础，成就了我们的“制造业大国”。“你会为自己的孩子选择职业院校吗?”如果这个问题放在三四十年前，获得肯定答案的概率会很大。那个时候，很多优秀的初中毕业生都会选择进入中专、中技、职高等学校继续学习，因为当时我国正处在改革开放的快速发展时期，各行各业都需要大批的技术人才。

而随着经济的发展，一些城市，特别是大城市，由于功能定位的转变，以生产制造为主的企业已经搬离，不少企业职工“下岗”，而学历、职称在求职中被日益强化，人们对接受更高层次教育的需求也就更加明显了。很多青少年已不愿意再选择职业教育的道路，家长也不愿意让孩子在中考之后分流到职业教育轨道上去。因为人们发现，分流之后，原本同班同校的同学们在社会中的地位似乎就拉开了距离，也分出了“层次”。

既然家长都希望孩子接受更高层次的教育，那么不进行“普职分流”可不可以?

不可以。

最明显的例证就是大学生就业难。

随着2022届1076万大学毕业生涌入就业市场，人们从电视、报纸、网络上看到的是他们就业的不容易。与他们同样不容易的还有2021届909万大学毕业生，以及2020届874万毕业生……现实已明显反映出我国高等教育发展与社会需求之间的脱节。

疫情笼罩下的就业季，更是被冠以“史上最难”。

这两年在采访中，我接触过不少被找工作弄得焦头烂额的大学毕业生。

杨海毕业于北京一所211高校的英语专业。他知道就业形势并不乐观，于是没有像很多相同专业的“前辈”那样，把目光盯着外企、金融行业、旅游等行业。他报名参加了公务员考试，也考了教师资格证，做了很多准备。最初他心里并不慌乱，觉得作为一个名校英语专业的毕业生，总能找到一份中学老师的职业吧。

但是随着公务员考试的失利，再加上“校招”“社招”等不顺利后，他发现到中学当老师，也不是那么容易的。他收到了两个学校的聘用意向，一个是到一所城中心区的普通中学教高中，一个是到远郊区一所名校的新建校区教小学。在杨海看来，这两个机会各有优劣，前一个机会的优点是在城市中心区，缺点是学校太普通；后一个机会的优点是能进入北京最优质的学校集团，缺点也显而易见，这是一所新建的九年一贯制学校，要从小学开始教起。

杨海给两所学校的答复都是：考虑两天。但，就在他犹豫的这“两天”，两个机会都迅速被别人抢占了。

杨海只能“打起了零工”，接一些英语翻译的活儿。为了生存，他只能一边接活儿一边继续找工作。但是杨海的翻译工作主要针对的领域是旅游业，而疫情让全球旅游市场跌入了谷底，这无异于雪上加霜。所以现在杨海每天的生活就是“发邮件”—“回复邮件”—“等待派稿”这样一个循环往复的过程，很是煎熬。

就业难，并不仅出现在疫情之下。

不知你是否关注到，前两年社会上出现了不少网红“料理”？比如“伏牛堂”的米粉、“黄太吉”的煎饼、“西少爷”的肉夹馍……这些街头巷尾的寻常小吃，之所以突然变得名声响亮，是因为做这些“小”生意的竟都是响当当的大学生，有些还是名校硕士毕业。甚至这几年还出现了这样的新闻，大学生毕业后再到中专去学个手艺。

这些到职业院校“回炉”的学生，有些可能是出于实际工作或者生活的需要，但也不乏一些人，本来就不适合上大学。如果他们在“普职分流”的时候就选择了更适合自己的职业教育，那么他们在成长成才道路上不仅可以节省时间，而且也节约了社会的教育成本。

2017年，教育部、人力资源和社会保障部、工业和信息化部联合印发了《制造业人才发展规划指南》，对“新一代信息技术产业、高档数控机床和机器人、航空航天装备、海洋工程装备及高技术船舶、先进轨道交通装备、节能与新能源汽车、电力装备、农机装备、新材料、生物医药及高性能医疗器械”等十大重点领域的人才总规模及人才需求总缺口进行了预测：到2025年，我国制造业上述十大重点领域人才总量将达6191.7万人，人才需求缺口将达2985.7万人，缺口率高达48%。

一边是拿着高学历找不到合适工作的“就业难”，一边是制造业人才存在着巨大缺口，两条“跑道”的现状清晰可见。既然眼前的道路有两条，那么分“道”而行、各行其“道”，不是最合理的选择吗？

不过，依然有人提出新的质疑：随着机器人、AI等技术发展越来越成熟，很多技术岗位已经不再需要人来操作，而在一些大城市，由于城市定位等考虑似乎也不再需要技能型人才，那么在这样的地方是否需要“普职分流”呢？

我们应该看到一个事实，越成熟的市场，社会分工越细，越需要不同类型、不同层次的人才。从逻辑上分析，越成熟的市场，越需要不同层次的人才，“普职分流”更是必须的。

在采访中，这个推论也得到了证实。

北京是我国超大城市的典型代表，随着城市发展的需要，北京作为首都的定位越发明确：全国政治中心、文化中心、国际交往中心、科技创新中心。在这种定位下，一些非首都功能就被疏解，当我们再俯瞰北京时，那些标志着制造业的烟囱、锅炉早已消失不见。在这种情况下学生选择职业教育，能有出路吗？

北京市教委一位相关负责人肯定地说：北京依然需要技能型人才！因为作为国际化大都市的北京，需要提高城市运行与管理的整体水平。北京确立了职业教育的三个新的发展方向：面向高精尖产业，面向城市运行与管理，面向市民高品质的民生。

采访中这样一件事让我印象深刻。

在一个职教集团，我碰到了海尔教育科技有限公司的一位负责人。他说，海尔有几万名员工，有安装冰箱的、安装空调的，这些工人之前的工作简单，在墙上打个孔把机器挂上去就完成了，但是现在不行了！因为现在城市家庭有了智能家居的概念，需要的是整体设计。这就要求上门服务的工程技术人员能够理解客户的需求，要能设计，还要能出设计图，当然还得能安装……企业也尝试过直接培训转化现有的员工，但是很多人从年龄、学历、能力、观念等方面都很难跟上产业升级的节奏，而市场上这样拥有综合能力的技术人才极其短缺！

于是，海尔公司便与专门的职业院校联合起来一起培养人才。

这样的人才培养出来，在市场上供不应求。

现在看来，“普”与“职”应该分流，已经能够达到共识，但是“普”与“职”之间各占多少比例，依然存在分歧。也就是说，如何进行“普职分流”，“普职比”是多少比较合理呢？

其实，这个争议的背后存在一种国家需求和个人需求的错位。从国家的整体需要和长远安排来看，实现“普职比大体相当”是一个长期的追求；从个人层面来看，每个家庭、每个学生都有权利自由选择自己接受教育的类型和层次，而且这个权利应该得到国家的保护。

那么，在这种情况下设定“普职比”“大体相当”的目标是不是有失公平呢？

其实，完全不受制约的教育选择权是不存在的。

北京大学中国教育财政科学研究所的一位副研究员提出了这样的观点：在“事业有利”原则和“多数同意”原则的大框架下分流。

在专家看来，职业教育的办学路径有两条：一是老百姓要什么就办什么；二是办与社会经济发展相适应的教育。从现实情况看，只有很少的改革机遇会出现“事业有利”原则和“多数同意”原则同时满足的情况，而多数改革，很难做到两者同时兼顾。那么当两个原则无法兼顾的时候，从国家层面就不能只顾短期的满意，还要看到更长远的全局利益。

在这种情况下，应该设定怎样的“普职分流”方式和比例呢？由于目前我国的经济发展还存在着不小的地区差异，所以制定政策不能“一刀切”，要把这个权力给到各省、各地市，根据当地经济社会发展的情况和老百姓的需求去考虑。

“我们都有光明的前途”——这是这两年网络上很著名的一个“梗”(“梗”是网络用语，义为“笑点、伏笔，或是有特别指涉含意或讽刺意涵的东西”)。据传，这句话出自《新华词典》某一修订版有关冒号应用的例句之中，其完整的例句是：“张华考上了北京大学；李萍进了中等技术学校；我在百货公司当售货员：

我们都有光明的前途。”

其实这句话到底出自哪里并不重要，因为原例句很正常，并无其他含义。但随着网友将例句内容与当前实际情况进行联系后，特别是在当前就业压力较大、绝大部分北大毕业学生与职业院校毕业学生前途明显不同的事实面前，这个“梗”逐渐产生了强烈的讽刺意味。

我在采访中遇到过一个16岁的女孩，爸妈称呼她“米粒”，跟她同龄的小伙伴已经升入高二，而她则经历了第二次中考。米粒听话、懂事，最大的爱好是饲养小动物，最喜欢去的地方有两类，一类是动物园，一类就是各种花鸟鱼虫市场。小米粒学习也很努力，只是成绩总是不能尽如人意，用她妈妈的话说就是：“米粒什么都好，就学习成绩是硬伤。”

带着这个“硬伤”，小米粒第一次中考成绩并不理想，重点名校肯定够不上，如果选择普通高中的话，也只能选择那些排名很靠后的。有人给米粒的父母出主意，可以试一试中专，米粒的父母立刻就否决了。

“这就好比赛车，大家都开足了马力跑向同一个终点，结果中途分出了一条赛道，组委会要求跑得慢的只能去那边。”米粒的爸爸说，“谁说我们跑得慢？谁又能确定今天跑得慢的这些孩子不会后来居上呢?!”

于是，米粒被爸妈送进了一个培训机构，又复读了一年。

“我今年的压力特别大，因为我知道家里为了我的复读光是学费就是十几万，我实在怕自己再考不好。”米粒说。于是，米粒拿出了“洪荒之力”来学习，这一年几乎没有在夜里12点之前睡过觉。

幸好，米粒今年的成绩有了明显的进步，虽然离顶尖的名校还有差距，但是被一个“第二梯队”的普通高中录取了。

米粒爸爸的想法，在当今家长中非常典型。

虽然在进行理性分析时，大家都能得出颇为冷静的结论：无论从社会发展角度还是从个人发展角度，适当的“普职分流”是必要而合理的，但是，当家长面临真实选择时，这份想象中的焦虑便变成了选择中的痛。

其实，这种痛的背后是由来已久的学历歧视，这就是我们前面提到的教育界的“鄙视链”。相对于普通高中教育来说，职业教育在教育领域中似乎成了“低人一等”的存在，上职校的学生往往会被打上“差生”的标签。

值得关注的是，这种学历歧视并不仅存在于逻辑推理之中，现实中也真实地存在着：比如招聘市场，哪一家不要求学历？而能让求职者在众多简历中脱颖而出的，依然是“985 / 211”“硕士 / 博士”以及“名校”等标签。

我在采访中遇到这样一个事例——

2020年从香港一所大学硕士毕业的女生鲁伊，讲了自己到深圳市某公立小学求职的经历。

鲁伊的理想是做一名媒体工作者。但是由于媒体环境、疫情等各方面因素的影响，一直没有找到心仪的单位，于是开始另寻出路。她的一个同学本科时就读于一所师范大学，当时这同学正在准备应聘深圳的这所公立小学，这让鲁伊得知当地中小学教师的工资比较高。

鲁伊也准备到这所学校求职。真正深入其中她才发现，稳定且待遇高的这份工作并不是谁都能得到的，能通过学校“简历关”的人，基本都拥有这样的学历配置：985 / 6所部属师范本科+更好学校的硕士 / 博士。

不难看出，这里存在着两个“鄙视链”，一个是第一学历学校的好坏，另一个是学历层次的高低。只有学历水平够高，才能很好通过简历这一关，而学历不行的，连考试资格都没有。

在现实的“教育”下，无论政策如何规定，追求更高分数、更高学历，依然是学生家长不变的选择。毕竟，谁手里能拿到Offer，才是硬道理。

如果再往下分析还可以发现，学历歧视的背后，是我们的教育体制，以及各行各业的用人机制，还有伴随而生的社会意识。说到底，当前我们被全社会认可的教育主体，还是应试的，还是学历至上的。这固然有其相对公正的、不可否认的合理性，但按照如此逻辑，我们也很快就能得出这样的结论：高学历需要高分数，于是高分数的学生自然成为成功者，低分数的学生必然是失败者。试看，多少用人单位的招聘广告上，不都有一条“铁杠杠”——“35岁以下，大专以上学历”吗？几无例外！

哪个人愿意自己成为失败者？哪个父母愿意自己的孩子成为失败者？于是，出现了“海淀妈妈群”，她们“鸡娃”，她们争抢学区房，巨大的焦虑又创造出了巨大的培训市场，而培训市场精心打造出的“提升一分，干掉万人”的口号，又把这种焦虑推到了极致。这些因素互为因果、相互作用，让焦虑不断蔓延。

所以，不是家长愿意焦虑，而是学历歧视造成的不得不焦虑。

应该说，“普职比”焦虑为我们打开了一扇窗，通过这个窗口，我们看到了亟待重构的中国教育生态。虽然素质教育的改革已经进行了多年，但是在我国的基础教育生态中，功利主义依然盛行，应试教育的惯性依然强大，分数依然是“硬通货”。再加上资本和市场的搅动，学校、家长都被裹挟着，卷入到一股洪流中，孩子更是苦不堪言。

上篇

孩子的人生“卷”不赢

有人说，中国的家长可以分为两种，一种是“卷”的，一种是不“卷”的。那些既“卷”自己又“卷”孩子的家长被称为“鸡娃”的家长，不“卷”的则被称为“佛系”家长。

“鸡娃”是网络流行词，指的是父母给孩子“打鸡血”，为了孩子能读好书、考出好成绩，不断给孩子安排学习和活动，让孩子去拼搏的行为。“鸡娃”也是近些年北上广深等义务教育阶段“幼升小”“小升初”竞争相对比较激烈的大城市家长中流行的一种教育方式，意为望子女成龙成凤的“虎妈”“狼爸”给孩子“打鸡血”，不断地给孩子“报班”、安排各种学习和活动，不停地激励孩子去拼搏的行为。

与“佛系”家长相比，“鸡娃”的家长绝对是家长群体中带节奏的那一类。他们最有力的武器就是“打鸡血”，不仅给自己“打鸡血”，更给孩子“打鸡血”。他们最主要的特征是焦虑，不仅自己焦虑，还会带动整个家长群体一起焦虑。他们最常见的状态就是不停歇地“战斗”，不仅自己身心疲惫，还连带着把更多孩子和家长带入“内卷”的“血雨腥风”中。

痴迷于“鸡娃”的家长为什么要这样做？“当然是为了孩子能在竞争中胜出”“当然是为了孩子拥有更好的将来”。相信这是绝大多数家长的回答。

那么，被“鸡娃”家长“内卷”的孩子能够赢得人生吗？

第一章 “内卷”会像瘟疫一样传染

从社会学的角度说，人是群居动物，需要相互交流、沟通与合作，所以当你看到身边人都在做同一件事的时候，你如果不做，往往不免恐慌。有时，即便觉察到了不妥，也依然会说服自己尝试一下。

用这句话描写当今的家长再合适不过了。

如果说“内卷”是一种病的话，那么最主要的症状就是“鸡娃”。在媒体上在各种平台上，人们对“鸡娃”的家长颇有微词，难道“鸡娃”的家长天生就具有“鸡娃”体质吗?“内卷”的背后又是什么?

“鸡娃”的家长众生相

我在多年采访中遇到的“鸡娃”的家长太多了。虽然每个家长的“鸡娃”程度不同，方向也不尽相同，但是，他们身上依然有着一些共同特征。

“鸡娃”的家长身上总有一种神秘色彩，他们身上会带着各种标签，比如“海淀家长”“西城妈妈”之类，他们以多种面貌活跃在各种家长群中。他们了解很多“鸡娃”的成功案例，熟知各种升学政策，更谙熟各种暗中操作的方法，甚至会使用“暗语”进行交流。

“鸡娃”的家长们最活跃的时候当数孩子“小升初”阶段。

这里有一个政策背景。国家规定义务教育阶段“免试就近入学”“竞赛成绩不得与升学挂钩”等，而且在越来越严的政策管控下，这两年全国各地“免试就近入学”比例在不断加大。据教育部的权威统计，2021年，全国36个大中城市公办义务教育学校免试就近入学比例已超过99%。

但是，家长们的择校意愿并没有消退。为了择校，家长们努力“鸡娃”，做着很多教育管理部门禁止的事。于是，各种家长群里暗语不断，比如，“AS”为“奥数”，“BS”即“杯赛”，“奥牛”就是奥数牛娃，“英牛”顾名思义就是英语牛娃，而“奥英混血牛”就是奥数英语都棒的牛娃，接到学校通知叫“密电”，学校按照奥数或英语竞赛成绩挑选学生叫“点招”，成功被学校录取叫“上岸”……

“内卷”就像一场大型的集体PUA（操控）

应该说，自成为家长那天起就抱定了要“内卷”的家长并不多。那么“内卷”到底是怎么发生的呢？

有的家长觉得自己是被别的家长带入的，有的家长认为是被环境所迫，有的家长说是被培训机构忽悠的……

“雪崩时没有一片雪花是无辜的。”经过多年观察我发现，这是一个非常复杂的过程，家长也许觉得无辜、委屈，但是，这个巨大的“内卷”现场的形成，绝对有众多家长的参与。我们来细细分析一下家长到底是怎么卷入的。

这两天身边有位朋友非常焦虑，她的孩子刚刚完成小升初，为了分到一个好班，给孩子报了培训班。但按照“双减”政策，周末节假日是不能进行学科类补习的，各级教育主管部门不仅三令五申，而且还会组织各类检查，杜绝假期给学生增添补课负担。

然而，上有政策下就有对策。

朋友孩子培训的地点几天就换一个，最后他们选定了一个图书阅览室的会客室，而且商定，如果遇到检查的，就说孩子们在集体借阅。

我们回想一下，“双减”政策出台之前，家长的焦虑以及孩子的学业负担已经达到了一个不堪重负的程度。那时社会舆论最主要的声音就是课外培训太疯狂，孩子们太累了。但是，当“双减”政策真的出台之后，家长们却又感觉没着没落，又会想尽一切办法给孩子继续补课。

“双减”政策刚刚出台不久，教育部就下发了一条新的通知，通知里列举出了7种隐形变异形态的补课培训，包括：证照不全的机构或个人，以咨询、文化传播、家政服务、住家教师、众筹私教等名义违规开展学科类培训；不具备教师资格的人员违规开展学科类培训，在职中小学教师违规开展有偿补课；通过“直播变录播”等方式违规开展学科类培训；组织异地培训，在居民楼、酒店、咖啡厅等场所，化整为零在登记场所之外开展“一对一”“一对多”等学科类培训；以游学、研学、夏令营、思维素养、国学素养等名义，或者在科技、体育、文化艺术等非学科类培训中，违规开展学科类培训；线下机构通过即时通讯、网络会议、直播平台等方式违规开展线上学科类培训，线上培训机构违规开展线下学科类培训；以及其他违反相关规定的隐形变异学科类培训。

教育主管部门专门发通知，足以说明培训由“地上”转入“地下”的现象在各地已经普遍存在了。

培训引发焦虑，那么把培训市场关停应该拍手称快才对呀，为什么还要自己去找罪受？骂课外培训的是家长，真的取消了课外班，哭喊得最凶的怎么还是家长？

有人不禁说：“难道这一届家长被PUA了？”

PUA的全称是Pick-up Artist，起源于美国的“搭讪艺术”，原本是用于男女交往的一套方法。但是后来这个东西被别有用心的人利用，变成了用洗脑、诱骗、心理暗示等一系列精神控制手段，来欺骗对方的感情和钱财。

这不正好与家长们一样?!

教育管理部门想办法给孩子和家长们减负，家长们却是一片“不行，不能不上课外班”的哀号。把孩子送去培训机构的是家长，大呼“孩子累家长也累”的是家长，真正开始治理培训了，反对的还是家长。就像被PUA中的情感操纵，一方面，让你痛苦、让你质疑自己；另一方面，也让你越来越离不开操纵方。

被PUA总是痛苦的，究竟是什么让现在的家长陷入两难的泥潭，想走也走不出来，甚至最终放弃了走出来的意愿呢?

在PUA与被PUA的过程中，具有这样一个典型的过程：施行PUA的一方通过一系列精神控制方法，让被PUA的一方丧失自我，最终唯命是从……

这个结果当然不是一下子就达成的，而是一个缓慢的过程。最初，每个家长都是理性而冷静的，但是，只要你接触过任何可以操控你的人——学校老师、课外班老师乃至其他家长，你的精神就会被某种东西牵着走。这个东西就是“对比”。

学校老师的对比来得最直接，也最猛烈。只要在家长群里贴上一次“不合格”学生的名字，家长立刻就会缴械投降，自觉自愿地向别人看齐。

很多人觉得，校外培训班的影响总可以自己控制吧。殊不知，这里是最有套路的。

比如，你第一次带着“试试看，不行就走”的心态走入培训班时，会发现那里的老师没有不亲切的，那里的课程没有不丰富的，那里的课堂没有不关注每个孩子的，你会不自觉地代入自己的孩子进入这里的场景。而你如果“理性尚存”，表示要“考虑考虑”时，老师们会面带微笑地告诉你：你来，我培养你的孩子；你不来，我培养你孩子的竞争对手。

极有杀伤力！

只要你“缴械投降”开始“鸡娃”，就开始身不由己，你会一边被别人拱着往前走，一边成为“后来者”比较的对象。你会发现无论你怎么努力，总有人比你更能“鸡”，无论你的娃怎么努力，前面总有“别人家的娃”在领跑，后面也总有奋力追赶的娃。

到最后，你既被PUA，同时又成了PUA别人的因素。而这时，家长再想回到最初，又怎么可能？

“内卷”是一场传染病？

没有哪个家长天生爱“内卷”。所以，当舆论批评家长太过功利时，家长们也觉得很委屈，不少“鸡娃”的家长表示：哪个父母不希望自己的孩子健康快乐？之所以最终加入“鸡娃”大军，也是逼不得已，是一点点被“卷”入的，在这个被卷的过程中，自己也有很多痛苦和纠结。

2021年有一部热播电视剧《小舍得》，淋漓尽致地再现了家长们的“卷”与“被卷”的壮观场面，也形象地呈现了家长从不焦虑到焦虑的过程。

剧中的两个妈妈令人印象深刻。一个是男孩颜子悠的妈妈田雨岚，这个妈妈可以说是“鸡娃界”家长的典型代表——从小带着孩子上各种补习班，到处打听各种小道消息，总是处在高度紧张和焦虑状态中，随时准备战斗。她自己很焦虑，同时也把焦虑带给家人和孩子。当然，田雨岚最初“鸡娃”是非常成功的，颜子悠一度成为学霸、成为让田雨岚骄傲的“牛娃”，也成为令人羡慕的“别人家的孩子”。

另一个是女孩夏欢欢的妈妈南俪。南俪最初可以说是“素鸡界”（注重素质教育的妈妈——笔者注）妈妈的典型代表，注重孩子的兴趣爱好，支持夏欢欢参加唱歌比赛、做小主持人，尊重孩子并给孩子很多正向的鼓励，简直就是女儿的“白月光”。于是，夏欢欢幸福地长大了，她快乐、自信、阳光，除了学习成绩不够出色以外，其他各方面都很优秀。但是在经历了种种挫折和不如意后，南俪最终与田雨岚一起，成为了“鸡娃”大军中的一员。

应该说，电视剧中南俪的形象与现实生活中的父母匹配度更高。没有多少家长天生就想“鸡娃”，甚至很多家长最初就像南俪一样，很排斥“鸡娃”行为，他们立志做一个有格局、有品位，致力于孩子长远发展的家长。但是，从孩子进入学校教育开始，“素鸡妈妈”就开始慢慢变少，到了孩子升入小学高年级后就更为明显，甚至出现了家长在孩子四年级后就“消失在朋友圈”的现象。

为什么？因为从这个时候起，大部分家长开始进入烦恼期。

首先是孩子们的课业难度加深了，许多家长给孩子辅导起作业来不会再像低年级时那么信手拈来、应对自如了，于是，很多家庭进入了“不写作业母慈子孝，一写作业鸡飞狗跳”的阶段。

其次，往往到了这个时候，专家们经常说的“每个孩子都是有差异的”才真正被家长们意识到。很多家长第一次发现，自己那个可爱的宝贝其实并不是天才，其实在某些方面不如别人，其实学习成绩一般……

再有，往往从进入四五年级开始，家长们才真正意识到“残酷”的“小升初”已然近在眼前了。再听到有些孩子已经在某某杯赛中获奖，英语考级已经拿到了“卓越”，乐器演奏已经过了八、九、十级，画作已经入围某些大赛的决赛……紧张的情绪就会更加紧绷。

应该说，当今的学生家长绝大多数是在应试教育环境下成长起来的，他们中的很多人熟稔题海战术，也舍得在孩子身上投入时间和金钱。当残酷的竞争局势摆在眼前的时候，家长突然意识到，自己的孩子有可能在竞争中败下阵来，于是融入中国家长血液中的“望子成龙，望女成凤”的观念被全方位激活，潜意识里的斗志便被调动起来了。“鸡娃”的念头一经挑动，便像传染病一样在“素鸡阵营”扩散开来，“素鸡”们一下子“溃不成军”，“鸡娃”成了很多家长的必然选择。

每当电视剧中的爸爸妈妈为孩子辅导作业暴跳如雷时，还有带着孩子转战各种课外班时、为买学区房被迫掏空祖辈钱包时，一屏的“弹幕”写满了“心疼子悠”“心疼欢欢”“太真实了”“看哭了”……

看剧的家长们在愤怒剧中家长的做法时，也像照镜子一样照见了自己——终于，自己活成了自己并不喜欢的样子。满屏的“心疼”不仅是写给孩子的，更像是写给自己。

“鸡娃”是一场战斗

在“鸡娃”这场战斗中，娃们更像是工具。他们对要不要上课外班、上什么课外班、参加什么竞赛、升什么学校，乃至跟谁较量，都懵懵懂懂，一无所知。他们被充满斗志的家长拖拽着前行。

林琳是我在几年前采访中遇到的一位家长，她的故事描述了她的“进场”过程。我们在她的故事中能清晰地看到，家长在这场“鸡娃”大战中所扮演的角色。

林琳有个乖巧懂事的女儿，小学时期成绩一直不错，是班干部，而且在六年级时被评为了省级三好学生。小升初，林琳的女儿顺利进入了当地一所名校。

林琳身边的气氛就在这时有了明显的改变。

林琳一直庆幸女儿小学6年不仅跟同学相处融洽，自己也跟女儿同学的家长相处得很好。6年时间里，组织过很多次孩子家长的聚会，甚至八九个家庭形成了一个小团体，只要有空闲大家就会不约而同地来个小聚会。不过，就在孩子们的初中学校相继确定之后，这个小团体突然不见了。而更让林琳震惊的是，并不是小团体不见了，而是小团体悄悄地把他们一家“踢”出去了！跟林琳一家同等“待遇”的，还有另外两个上了“好”学校的孩子。

一次“散伙饭”让林琳深切感受到了浓浓的火药味。六年级暑假即将结束时，林琳孩子小学所在班级组织了一次聚会，庆祝孩子们告别童年进入中学。聚会进行到一半时，一位家长举起了手中的酒杯大声对林琳说:“×××妈妈我敬你一杯，从今起咱们重新来过，3年之后再见!”

顿时，饭桌上安静了。只有经历过的人才能体会，这位家长正替自己的孩子向林琳的女儿宣战，考入好的高中成为了他们今后的3年奋斗目标。林琳感到一场“肉搏”马上就要开始了。

有几个家长在这种赤裸裸的挑战面前能淡定自若呢?!

林琳微笑着祝福对方的孩子3年后心想事成，但是回家后便把女儿的大班网课全变成了一对一的小课。

正如林琳所说的那样，不管你有无意识，战斗已经开始，今天自己的孩子上了一所好学校，成了别人的靶子，明天另一个孩子拿了什么竞赛奖，就会成为新的靶子。

人们在形容当前国际关系时总会说这样一句话：没有永远的朋友，只有永远的利益。这句话套用于当今家长群体竟也非常适用：没有永远的朋友，只有永远的靶子。

“剧场效应”让谁成了受害者?

人们在分析中国家长的行为时最会说到“剧场效应”。

什么是“剧场效应”?

在一个剧场里，大家都在看戏，每个人都有座位，大家都坐在自己的座位上，每一个人都能看到台上的演出。忽然，有一个观众从座位上站了起来，周围的人起初劝他坐下，但他置若罔闻。人们也会试图求助剧场管理员，管理员拿出观剧须知，警告、劝说站起来的观众，但也不管用。于是，为了看到演出，周围又有人站了起来。慢慢地，站起来的人越来越多，最后，全场的观众都从有秩序地坐着看戏，变成了站着看戏。

所有人都站起来的结果是什么？观看的效果和原来几乎相同，只是大家都更累了。因为剧场中的所有人，都比原来付出了更多的体力成本。更悲剧的是，虽然大家都更累了，但谁也无法再坐下，因为谁选择坐下来，谁就啥也看不到了。相反，还会有人为了自己能够看得更清楚，就站得更高，开始站在椅子上。

中国家长正是在这种“剧场效应”的作用下，一步步“被卷”的吗？

起初，所有的孩子和家长都在同一起点上，大家都按部就班地在学校里学习；后来，有人开始“抢跑”，提前学，“抢跑”的人势必会在考试等方面显现出优势。这让很多家长感到不公平，便表示出强烈的不满。这种不满被教育主管部门获悉后，“减负”措施便出台了。政策刚刚出台的时候，一些家长会停止“抢跑”，一部分家长会观望，还有一部分家长会不顾政策继续“抢跑”。一旦违规者没有被管理部门严厉责罚，而“抢跑者”的优势再一次显现出来时，所有家长便会共同下场肉搏。

“剧场效应”的可怕之处在于，破坏秩序的人是首先得到收益的人，而遵守秩序的人则成为受害者。于是，遵守秩序的人也不得不去做破坏秩序的人。在这种情况下，任何“秩序”都不再起作用。这也不难解释为什么几十年来，从国家到地方不断出台

“减负”政策，而且政策一步比一步严厉，但是却出现了学生负担“越减越重”的现象。因为“遵守秩序的人是受害者”，谁还会去当那个遵守政策的傻瓜?!

在“剧场效应”作用显现的同时，“内卷”家长的微信群里中还会有一个“踏板效应”。

所谓“踏板效应”，是指某些人一旦自己所处的立场、位置变了，心理、思想也会随之变化。当一个人由资源争夺者变为拥有者，心态的满足以及维护自己既得利益的立场便会占据头脑的全部。比如，大家都在等公共汽车，终于一辆车进站了，等了很久的人们都会拼命地往上挤。很快，车厢里塞满了人，车门口也挤满了人。这时候，如果你是站在车下面的那个人，就会对车上的人说:“再往里面挤一挤，我就可以上去了!”于是，一阵推、挤、压后，你终于踩上公交车的脚踏板了。这时，你成了挤上车的最后一人，你却往往会回过头来对下一个准备再挤上车的人说:“别挤了！没地方了！等下一趟吧!”这就叫“一踩踏板就变心”。

同理，有的家长用各种办法让自己的孩子跟上大部队之后，又担心别人赶上，就不得不把“卷”自己的绳子扎得更紧，更加努力。

在“剧场效应”和“踏板效应”的双重作用下，家长们在“内卷”的旋涡中无法自拔。他们不停地“卷”自己、“卷”别人，时而抱团取暖，时而提防着别人。

再加上现在大多数城市家庭中都只有一个子女，这使得孩子的前途更加成为一个家庭目标的重中之重，有时候甚至是6个大人的期望集中在一个孩子身上，又有几个家长能够安之若素、置之度外？

产生“内卷”更为根本的原因

其实，产生这种“内卷”的另一个更为根本的原因，是教育资源的不均衡。从大的方面说，我国东西部教育资源存在着明显的不均衡，东部省份的教育，无论资源还是质量都明显好于西部；而城市的教育资源明显优于乡村，即使是同一个城市内，不同学校之间也存在明显的不均衡。

哪个家长不希望自己的孩子接受更好的教育，享受更优质的教育资源呢？于是出现了择校、学区房、“鸡娃”等诸多现象，教育资源不均衡，应该是产生这些现象的主要动因。

据了解，我国的重点学校制度是20世纪50年代建立的，是当时社会发展的需要。为了快速实现工业化，当时我国曾明确规定，要集中力量办好一批中小学校，为上一级学校输送优秀的人才，所以实施了重点学校制度。但随着国家经济的发展，这样的教育方式与教育目标显然不相适宜了。1986年又实施了《中华人民共和国义务教育法》，国家多次强调，义务教育阶段不许再办重点学校。不过各种变相的“重点”，依然大面积存在。

如果进行粗略的划分，目前我国义务教育阶段的学校可以划分为城市重点学校、城市普通学校、农村重点学校、农村普通学校四类，如果再到具体的区县、学区，这种等级分层就更加复杂了。

虽然国家的政策早已不再进行这种划分，但在普通老百姓心目中这种差异还是真实存在的，不同学校之间的差距还是非常明显的。大概10年前，我在一个民间教育研讨会上看到过这样的景象：北京市海淀区中国人民大学附近的一所示范中学校长发言说“我们学校给学生提供的是真正的素质教育，能开设10多门外语……”话还没说完，一所普通中学的校长站了起来：“你们录取了全市最优秀的学生，拥有雄厚的教育经费，你当然能开出那么多外语课。如果也给我这样的学生和经费，我能比你做得更好。”显然，重点学校对成绩优秀学生的“掐尖儿”，使得学校之间在生源和师资上的差距更加明显。

为了教育的公平公正，促进义务教育均衡发展，我国于2013年启动了县域义务教育均衡发展督导评估。主要包括学生人均教学及辅助用房面积、学生人均体育运动场馆面积、学生人均教学仪器设备值、每百名学生拥有计算机台数、学生人均图书册数、师生比、学生人均高于规定学历的教师数、学生人均中级及以上专业技术职务教师数等指标。到2021年年底，全国2895个县级行政单位，均通过了国家督导评估。

在此基础上，教育部门又推出了义务教育阶段“面试就近入学”，“幼升小”阶段“多校划片”，“小升初”阶段禁止择校等一系列政策和措施，就是为了实现各学校之间生源均衡，让普通人的孩子在自己家门口就能上个满意的学校，从而解决家长的部分焦虑。

第二章 “内卷”最佳助攻——培训机构

不少人这样评价2021年出台的中央“双减”政策：终结了愈演愈烈的校外补课竞赛。

“双减”政策实施一年有余，我们现在还不能判断其最终能否真正达到给学生减负的效果，但是，曾经异常火爆的学科类校外培训市场确实偃旗息鼓了。据2022年教育部最新公布的数据显示，全国原有的义务教育阶段线下学科类培训机构已经从12.4万个压减到9728个，压减率为92.15%；原来的线上校外培训机构也从263个压缩到34个，压减率为87.07%。

“双减”政策中有这样一个精神：强化学校教育主阵地作用，深化校外培训机构治理，坚决防止侵害群众利益行为，构建教育良好生态，有效缓解家长焦虑情绪，促进学生全面发展、健康成长。

“双减”政策出台之前，我国基础教育生态已经受到很大影响，甚至遭到破坏，而校外培训机构，绝对是造成这一重创的重要力量。

谁能躲得过这样的“攻心大法”？

近些年来，只要采访基础教育阶段的学生和家长，就很难绕得开培训班。不得不说，看着不停奔波在各种校外培训班的孩子和家长，我的内心五味杂陈。正如报社编辑曾经在我的一篇稿子前面所写下的那段话：每天走出学校门又进培训班的门，有多少中学生没跟课外班打过交道呢？又有多少中学生家庭没有因为课外班而纠结、而焦虑过呢？

大概在2016年，中国教育学会发布的《中国辅导教育行业及辅导机构教师现状调查报告》披露，我国中小学课外辅导行业的市场规模超过了8000亿元，参加学生的人数超过1.37亿。

网上另一份流传甚广的数据显示，2020年中国基础教育在线行业融资额超过500亿元，超过此前10年的融资总和，多家在线教育机构融资金额屡创新高。甚至曾有研究机构预测，2022年，K12在线教育的市场规模预计将达到1500亿元。当然，这份调查报告没有预测到的是，2021年“双减”政策出台，彻底为校外培训机构按下了“停止键”，1500亿元的市场规模大概是一个无法实现的遗憾了。

在2021年中央“双减”政策出台之前，这些“天文数字”对于校外培训机构来说也许意味着滚滚财源，对于校外辅导行业来说也许意味着更多的疯狂资本，但对于普通人家来说，这意味着多么沉重的负担？而“双减”政策之后，学科类培训市场不能野蛮生长，家长们的财务压力确实减轻了，但其“流毒”还在，它助攻下所形成的残酷“内卷”，依然在影响着孩子们。

我采访中接触过这样一个北京的中学生晓倩，她说：“从上小学六年级开始，我就没过过一个没有课外班的周末和寒暑假”，“我上过的课有很多种，有线下班课、线上班课、线下一对三、线下一对一、线上一对一”，“我不算累的，我的几个朋友更忙，整个儿暑假都没有见过面，都有课外班，能把时间凑在一起很难”……

晓倩告诉我，课外班是一个特别好的“扩列”场所。“扩列”，网络流行词，即请求扩充好友列表，等同于交新朋友的意思。她说：“因为你在这里能遇到现在的本校同学，还有小学同学、本校同学的小学同学，甚至小学同学的现在同学。”

这串绕口令式的中学生交际网，形象地再现了很多大中城市孩子的周末生活。而沿着这张细细密密的网，家长的压力在慢慢释放着，而同时，也在聚集着新的焦虑。

无所不包的“话术”，让家长无处可逃

多年采访中我一直抱着这样的疑惑：校外培训机构到底有着怎样的本领，能让家长心甘情愿地买单？能把那些个性张扬、惯于怼天怼地的十几岁孩子一直摁在教室里？

我们先来看看，校外培训机构是如何把家长捆绑住的吧。

2021年年初，我接触到一个刚刚从某一在线教育平台辞职的

老师华言。他详细向我说明了培训机构是怎样一步步把家长吸引进来并留下的。那些高招儿，他们称之为“增强黏性”，以“维持高续班率”。

培训机构一年一般会分成4个阶段：春季班、暑假班、秋季班、寒假班。续班率，是指从春季班到寒假班，在读学员能一期期延续下去的比例。

应该说，培训机构的续班率跟该机构的教育质量有着最直接的关系，但是，二者并不一定成正比。它没有一个直观的指标，即便是同样的教育方法用在相同孩子的身上，效果也不尽相同。

对在线培训机构有一定了解的人都知道，培训班除了有主讲老师外，通常还会再设一个班主任或辅导老师。平时一些相关事宜，都是由这位老师跟家长联系。

在大多数机构，续班是辅导老师、班主任甚至主讲老师非常重要的任务。续班率直接关系到一个培训班的口碑，甚至有些培训机构计算出，流失一个学生将会影响18个意向客户。

每当这时，辅导老师实质上就是公司的销售人员。

华言告诉我，他们每个人在入职之初都会获得一份“话术”。这套“话术”几乎涵盖了他们可能遇到的家长不想续班的所有理由的应对方法，于是成为辅导老师的看家“宝典”。

如果一个家长说，孩子上了一期的课成绩没怎么提升，月考成绩也不好，华言就会即刻在大脑中进行搜索，利用“话术”，他可以分4个层次一步一步把家长劝回来。第一步要简单明确地告诉家长：学习不能速成。这与当前在家长中特别流行的“鸡汤”“静待花开”有异曲同工之效。收到这个信号之后，大部分家长会选择继续听下去。

然后，华言会进入“话术”的第二个层次。他会向家长强调，其实孩子已经进步了，只是家长没有发现，比如，在这个培训班里孩子学到了很多答题的思路和技巧，只是这次考试碰巧没有用到。他还会寻找适当时机说出这样一句话：“您不能只看成绩就说孩子有没有进步，这个学期下来，孩子的××能力已经有了明显提升啦！”

说到这里，已经有一半的家长没有之前那么坚定了。

之后，进入“话术”的第三个层次。华言会再拿出孩子的考试卷子，进行更具体的分析，引导家长一步一步跟着自己的思路深入下去：“比如这张卷子，很明显是带有章节测试性质的，如果初中有100个知识点，这次考了10个，有8个是孩子学得比较弱的，那么他的成绩就会出现波动或者下滑。可咱们不能全盘否定孩子所有的成绩，而是通过阶段性的考试了解孩子的薄弱板块，再有针对性地加以提高啊！”

这番话下来，不少家长已经心动了。有几个家长会全盘否定孩子？又有几个家长不愿意再多给孩子一次机会？

不过家长并不知道的是，这番看似很诚恳的话，就“躺”在华言的电脑里，他已经记得很熟，而且跟很多家长说过了。只要遇到家长有类似的理由，华言都会拿出来，用诚恳的语气“背”一遍。这套“话术”，很多跟他一样的辅导老师在每个续班期到来的时候，都要重复很多遍。

如果家长真的动心了，华言会继续把后面的话一股脑儿说出来：“老师接下来的课程，正好有针对孩子弱项的专门课时。而且孩子的情况我都非常了解了，肯定会多抓一抓他的学习。不要因为一次考试就灰心，就打乱了自己的节奏和步调。如果孩子能够按照我们的计划和要求，相信一定能取得最终的胜利！”

这时候，很多家长已经觉得这位老师跟自己完全是同一条战线上的战友了，即便是曾经坚决想退出的家长，面对老师这么“掏心掏肺”的劝说，也会表示“再考虑考虑”。

只要家长表示可以“再考虑”，华言们就胜利了。他会过一两天再给家长打电话，继续沟通。如果这个时候家长又说出其他理由，华言在自己的大脑中还会搜索出另一套“话术”……

华言说，这套“话术”宝典中还罗列了很多情况，比如：“现在续费还太早了，我们还没上几节课，看不到效果，以后再说吧”，或者“孩子基础太差可以报个一对一”，或者“上课时间不合适，不一定能看直播，学习效果没办法保证”，或者“孩子管不住自己学网课不专心，不如改线下课”……诸如此类，几乎涵盖了可以应对家长不想续班的所有理由。

不少家长表示，自己不是不知道培训机构那些辅导老师并不真的那么真诚。他们之所以用十二分的耐心一遍一遍地给自己打电话，不过是为了“报班”“续费”这一个目的。但是，为了孩子，众多家长最终依然会“束手就擒”。

不少专家分析，培训机构正是利用了家长的这种焦虑，并在利用的同时继续制造新的焦虑。因此有人说：家长并不值得同情，没有人逼着你必须报班续费啊！

“可怜天下父母心”，无论社会舆论如何批判，家长的焦虑是真实存在的，而这种焦虑不会因为专家的批判、社会的呼吁就有所降低。在我们揭露培训机构利用家长焦虑这一事实的同时，也应该思考到，与学生家长相关的学校、教育管理等部门，有谁如此用心地精准地分析、整理过家长的焦虑？有谁在“不应该这么焦虑”之外给出更具有实操性质的舒解家长焦虑的办法？从某种意义上说，这种对比，不更显示了我们某些工作的缺失吗？培训机构的这些“话术”，成了家长在焦虑的荒漠中看到的“海市蜃楼”，哪怕明知道一旦被这番“话术”套牢将会越陷越深，但是他们也只能相信。

预先设定好的套路，成功牵引家长

也许你是一个意志坚定的家长，没有迷失在这类“话术”中，但你不一定躲得过更为高明的套路。

不知你有没有发现，这几年总有一些家长，隔一段时间就规律性地在朋友圈晒一晒孩子的培训班。那些内容一看就是培训机构给定的内容，都是夸赞培训效果的，一看就是广告。这些家长总是先充满歉意地在朋友圈明言：对不起大家，但是没办法，为了给孩子获得赠课……

其实这时候，这些家长已经陷进了培训机构预先设定好的套路。

2021年年初，我接触了一位刚刚入职一家在线培训机构的英语讲师晓东。晓东介绍，培训机构在营销上主要有3个套路。其一就是以老带新的方式，完成“社交裂变”，几乎所有的机构都会使用这个套路——家长推荐一人报名，可赠送正式课；推荐的人数越多，赠送的课时量越大。

很多家长就是在这一套路下，不知不觉中完成着一次又一次的“社交裂变”。

家长范佳，大规模给孩子报课外班，始于孩子“小升初”的那个暑假。为了更好地适应中学学习，范佳从朋友那里得到了一个链接，“语数外3门课，每门上8节课，一共才几十块钱”。范佳很快报了名，并且推荐了多名家长。为此她为儿子得到了物理和生物两门课的课时。

但是，“当你从新生成为老生之后，这些优惠就都没有了，再续费的时候，每门课程从原来的十几元变成了几千元。”范佳说，“如果这时候再想退出，就没有那么容易了。”

晓东又介绍，这时候就会出现第二个套路。机构会故意营造一种课程火爆的假象，制造课程的紧张与稀缺来玩转营销。他说，有时根本还没有几个家长报名，但是机构会不停地谎称“只剩了最后几个名额”。

机构一方面用截止时间“逼迫”家长报名，一方面还会与家长签订“保分协议”，承诺若孩子未达到目标分数，会全额返还课程费，甚至承诺再倒贴一半的钱。

不过，最后真的达不到目标分数的时候，机构也会有专门的课程顾问出面与家长沟通。这些更是“高人”，最后能退钱的肯定是少数。

第三个套路，是有部分在线教育机构会大肆宣传自己拥有“清北”师资，而真实的情况，那可能就是清华北大的在校生。这些学生并未获得教师资格证，也没有系统学习过师范类课程，根本不具备教学能力，又怎能很好地关注学生，因材施教呢？

晓东还介绍，可能很多名师的学历无法造假，但一般老师的经历可以伪装。明明才入职两年，机构在宣传的时候竟敢说其“授课量已有上千课时”，反正家长也验证不了！

应该说，无论是“话术”的绑架，还是套路的牵引，都是校外培训机构在资本驱动下的必然表现。

资本的本质是趋利的。为了快速获利，很多机构把重金砸在广告上。如同人们日常所见，公交车站如果有4个广告牌，至少3个是在兜售在线教育的。

电视上的广告更是铺天盖地，甚至出现过这样的情况：前一秒新闻里还在说要给学生减负，后一秒播出的就是课外辅导的广告，家长们该何去何从？

而这铺天盖地的广告背后，是“烧钱”，同时也是“圈钱”，甚至是“骗钱”。据媒体披露，曾有4家在线教育培训机构请了同一位“老师”做广告，这位老师一会儿是教数学的，一会儿是教英语的……

教育被资本绑架，伤害的是教育本身。

华言说自己很喜欢当老师，知道教育不仅要“授人以鱼”，更要“授人以渔”，所以，有时候主讲老师讲的内容太偏重应试技巧了，他就会重新录一些讲解视频。但是他做这些的前提，是必须保证自己的“动作”不能落后于其他同事的“动作”。华言所说的“动作”，就是在续班关键时期应该完成的那些电话及各种促销活动。再加上他们的工作时间通常是下午开始半夜结束，如果再录视频，经常要熬到夜里两三点。时间长了，做这种对自己的工作绩效没啥促进的事，频率自然也就越来越低了。

一位在全国两会经常发声的专家表示，疫情期间各类学习类App与线上学习平台大规模涌入市场，但大部分产品形态为“互联网+教育”而非“教育+互联网”，由此导致了一系列教育问题。快餐式、浅表式学习会惰化学生思维，比如，大量学生在遇到难题时为了快速获取答案，可直接在“某某帮”上搜索答案和解题过程，这就失去了完成作业的意义。甚至部分应用，还可模仿本人笔迹直接代替抄写。

现在，随着“双减”政策的落地落实，绝大部分校外培训机构已经退出了学科类培训，但是，培训机构对家长的捆绑并没有完全消失，特别是当前，各种隐形变异的培训已在各地露头。更加应该引起重视的是，没有了公司化的运作，这些分散的、改换身份的、转变形式的培训隐蔽性更强。这些机构的教学计划、教学方式、教学质量等几乎在没有监管的状态下存在，从业人员的套路和花招儿只能更多，隐蔽培训机构跑路的可能性也在增加……

这些风险与前面的“话术”与套路叠加，学生们所受到的伤害将会更大。

“不是培养你的孩子，就是在培养你孩子的竞争对手”

前面我们已经提到了中国家长的“剧场效应”。

跟以往任何一代家长相比，这一代家长受教育程度普遍更高，也更重视孩子的教育。他们对于科学的教育理念有着很强的学习愿望，同时也将这种愿望付诸了行动。

因此，即使在强大的“内卷”面前，依然有不少家长在坚持。

在众多大城市的家长中，徐涵是我见过的比较淡定的一位。除了篮球、羽毛球，小学6年，徐涵没有给儿子报过其他的课外班。初中，儿子因为体育特长上了一所名校。

虽然上了初中，徐涵依旧延续着小学时的做法。在她看来，健康的体魄对儿子的整个人生来说都是最重要的基础，因此，除了督促儿子完成学校的作业，大部分时间都让儿子在球场上度过。她知道自己的儿子很聪明，即使在学习上仅用三四成之力，成绩也依然能处在年级的平均水平上，因此并没有太着急。

但是，这坚持了六七年的好心态，被一次偶然击垮了。

一个周末，徐涵接到儿子球队好友妈妈的电话，说因故不能及时赶到课外班接孩子放学，麻烦徐涵代劳。

徐涵赶到后才知道，儿子的这位好友并没有在那些耳熟能详的机构上课，培训地点隐藏在一座商务楼内一个很小的写字间里。

等孩子的时间，老师告诉徐涵，这个机构的特点就是定制式，机构会根据不同学校的不同班型组成不同层次的小班，比如都是数学，就可能有“A校实验班”“A校普通班”，以及“B校实验班”“B校普通班”等。为了保证所讲课程的针对性更强，一起上课的学生通常不超过4个，老师会不停地“对标”学校的进度，并让进度比学校稍快一些，让这些孩子有机会超越学校班里的同学。

徐涵震惊了。她没有想到，课外班能进行如此个性化的服务。但她依然认为儿子真正冲刺的时间还没到，她知道学习是个循序渐进的过程。

见徐涵不为所动，培训班老师又说了一句让她更为震惊的话：“这位家长，您心太大了。您要知道，课外班如果没在培养您的孩子，那么就一定在培养您孩子的竞争对手啊！”

“这话对我来说就是五雷轰顶。”徐涵说，尤其是看到眼前的这个班一共4个人，还都来自同一所学校同一个年级，她无法淡定了，“其中两个我知道，他们每天中午都会跟我儿子一起打篮球，常常听儿子念叨他们，谁想到人家从学校出来就到这里补课了。我这才真的体会到了那老师说的话，——儿子的‘竞争对手’都已经在这里学了一个学期了！”

都说培训机构最擅长用“鸡汤”忽悠家长，不过，这“鸡汤”也要找到家长的痛点才起作用。

虽然很多家长更愿意遵循科学的教育理念，但是他们很多人心中依然对孩子的成长有一条最基本的底线，那就是孩子的教育至少要达到自己现在的水平。尤其是对于很多像徐涵一样具有

“通过学习改变命运”奋斗史的家长来说，他们更希望自己奋斗得来的成果能在自己孩子这一辈更上一层楼。所以，培训机构那句“培养孩子竞争对手”的狠话，绝对是杀手锏！

一旦培训机构把家长成功拉入了“我的孩子不能低于我的水准”这个逻辑内，就很难找到界限了——报多少培训班才能保证不“低于”呢？于是，很多孩子为此付出了周一到周五的每个晚上，甚至寒暑假完全被培训班占满……

北京市某中学校团委的一位老师曾经这样对我说：有一次举行校际间的篮球比赛，商量比赛时间的过程特别纠结，“只有下午5点以后是大家共同的空闲时间，但是却是最不能安排比赛的时间，因为大多数孩子都有课外班，根本凑不齐上场人数”。

这一辈家长与“前辈”有一个最大的不同，在于他们生活在各种网络“群”里，任何消息都会飞速传递：初三孩子家长的经验和教训能够迅速传递给初一、初二孩子家长，初一孩子家长的经验也能很快传递给小学六年级孩子家长，六年级孩子家长的经验还能继续快速向下传递。而经验传递的同时，焦虑也在聚集。这样，家长们的“信息流”畅通之后，焦虑也“首尾相连”地形成了闭合链条，只要迈入这个链条，就很难挣脱。

在这场学生、家长、学校、校外培训机构的较量中，学生失去了自由支配的时间，家长失去了金钱，学校也失去了原来在教育上的“霸主”地位。

谁是受益者呢？

“卖萌+卖艺+红包”，有几个孩子能抵挡？

前面分析了家长是如何一步步被培训机构“卷”入不断焦虑和制造焦虑旋涡中的过程，但我们似乎忽视了学生。无论是“卷”还是“被卷”，学生其实是那个真正被捆绑住的角色。他们无论是否愿意，这些课程最终是由他们完成的。那些学习的压力和负担，是实实在在加在他们身上的。

学生们是否愿意被“卷”入？他们有什么感受？在近几年的采访中我一直有一个疑惑。按理说，对正处于青春期、叛逆期的中学生来说，强迫他们做自己不喜欢的事并不容易。那么，他们对家长给安排的、繁重的课外培训负担不反感吗？有些孩子甚至在学校出现厌学情绪，但是离开学校之后却依然能完成课外班的学习，这背后的原因是什么？

通过多年的采访和观察，我发现，不少孩子对培训班这件事已经到了近乎“无感”的境界。

产生这种“无感”之感的原因，至少有这么几个——

首先，孩子身边上课外班的人数极多。

我也是家长，我的孩子在整个小学阶段几乎没有参加什么学科类的培训班。孩子五年级的时候，为了看看她对奥林匹克数学竞赛感不感兴趣，给她报了一个学期的奥数班。孩子没说喜欢也没说不喜欢，但是上完第一次课后，她一定要求把奥数班的作业带到学校去。为什么？她说：“我也终于可以用中午的时间写奥数作业了！”

我这才第一次真切地意识到，孩子班里上课外班的绝对占大多数。我也才第一次真切地意识到，课外培训已经在孩子们心目中形成了“不上课外班”反而是“异类”的反常心态。

在这种情况下，孩子们对家长给自己报课外班，还有什么意外？

再有，即便孩子们对上课外培训班并不排斥，但上哪些科目的课外班，总还是有一些发言权的。采访中我也发现，不少孩子最初还会提出一些自己的意见，但是架不住爸爸妈妈一遍又一遍“谁谁谁报了什么班咱们也报一个”的攻势，很多孩子渐渐也就不争了。

不过，我发现一个有趣的现象还是值得关注——竟有不少孩子是真心喜欢课外班的，甚至认为课外班老师教得比学校老师更好。

我采访学生付山时，他即将升入初三，正好赶上他课外暑期班的最后一节网课。主讲老师提前结束了正式内容的讲授，留出20分钟，进行简单的结业式。

我看到付山聚精会神，听得津津有味，时不时露出开心的笑容。屏幕上是正在给学生们演唱日语歌的班主任。滤镜下的老师穿着雪白的裙子，抹着鲜艳的口红，时不时做出萌萌的表情，给人的第一感觉是醒目、新鲜、可爱。当老师唱错时，会马上说：“哎呀！真不好意思，老师这里唱错啦，老师给你们重新唱这句哈……”

是不是只有付山偏爱这种风格？我观察了一会儿发现，这种“卖萌+卖艺”的模式很受欢迎。在讨论区里，天南海北的学生们有的给老师打出“666”，有的打出“可爱的小姐姐”，更多的人送出一朵又一朵玫瑰花，总之各种评论“唰唰唰”飞快地在屏幕上“跑”着……

付山说，虽然每次课都得有两个小时，但是时间过得也挺快的，热闹。尤其是疫情期间，所有的课外班都搬到了线上，虽然少了线下上课时的真实感，但是，老师讲课时不会被学生随便接下茬儿、听不懂、迟到等事情打断，每次上课都能感受到老师的精心设计。

不过我观察到，真正吸引付山两个小时一直坐在电脑前的，是不断出现的刺激和吸引力：上课前，老师会要求学生们提前进“教室”，还会用这段时间带着学生们复习上一节课的内容。为了吸引学生，老师会在微信群里发个“暗号”——可能是一串数字，也可能是某个词语，复习过程中突然提出“开始对暗号”，写出正确暗号的同学，就能得到老师送出的学分“红包”。这个“对暗号”的过程，会在整个课程期间出现几次，而带着不同学分的“红包”，则会贯穿于上课的全过程，回答问题、做练习、各种互动，都能得到学分“红包”。付山桌上、书架上凌乱摆放的几个小文具、笔记本，都是用攒起来的学分换的。这对学习中的孩子无疑是一种激励和刺激。

这些小物件就能吸引中学生？

还别不信。这几年我也一直在关注青少年游戏成瘾的问题，不少专家在解释这一问题成因时说，很多游戏在设计时便有一种“即时反馈”机制，正是这种机制的存在，会让人在不知不觉中欲罢不能。

而现在的课外培训班，也充分利用了这种“即时反馈”机制。吸引中学生的并不是那几个学分，也不是用学分换来的几个小物品，而是这种适时出现的正在“游戏中”的感觉。

“红包”也不只是学分。有时，比如，在招生的关键时刻，培训班老师会在微信群里发几个真红包，或者因学生取得好成绩，老师也会发个真红包鼓励一下。

再加上时不时出现女老师卖萌、男老师耍酷，刺激的频度和强度如此之高，中学生们怎能不就范？

而这些都是正规学校老师给不了的。

当然，如果对中学生的吸引仅仅停留在刺激层面，也无法长久。曾有中学生告诉我，疫情期间不仅课外班变成了网课，学校的课也都是线上进行了。当所有课程都在网络上呈现的时候，差距就显现出来了。学校老师上的直播课，虽然每节课只有45分钟，但是学生依然会经常犯困；但同样的课，如果是课外班的名师来上就非常有意思，两个小时很快就过去了。

不得不承认，跟学校相比，校外培训机构有着天然的危机感，这些从业人员不得不使用各种花招儿来吸引生源。但是他们也知道，注意力可以产生效益和效率，真正能吸引生源的依然是教育教学质量，即便是为了利益，他们也要把教育质量提上来。

因此，当“双减”让学生回归校园之后，我们的教育主阵地学校，必须花大力气更好地提升教学质量，同时注重学生的学习心理，尤其是在满足不同学生的个性需求上做文章。只有这样才能真正把学生留在校园里，留在课堂上。

第三章 “内卷”，学校的作用不容忽视

几十年前，家长和老师的对话常常是这样的：“老师，孩子交给您了，该骂就骂，该打就打！”

那时候，家长说的是真心话，老师对孩子也真的会“该骂就骂”，甚至会“该打就打”。

今天，老师几乎不会再轻易责骂学生，打学生的现象更是鲜见。家长与老师对话的客气程度也逐步提升，“您辛苦了！”“谢谢您！”成了他们之间的高频词。不过，家长的“您辛苦了！”还可能伴随着这样的内心独白：“拜托别欺负我家孩子，教得咋样没关系，反正还有课外班。”而老师的“谢谢您！”背后更想表达的一层意思是：“但愿这是一个不折腾人的家长。”

不知从什么时候起，学校和家长之间不再是并肩作战的“战友”，而是各怀心事，相互提防。这种表面的一团和气，带来的并不是家校形成合力，而是越来越多的信任危机。

为什么呢？

学生的作业到底有多少?

现实教学中，学生的作业到底有多少?很难用准确的数量来衡量。

我们来看看采访中获得的一些片段。

2019年最后一天，初二学生陆璐所在的中学中午结束了联欢会便开始了元旦假期。陆璐没有安排任何娱乐活动，干脆睡了一个下午。

陆璐算了算，从10月到12月，自己能够在晚上12点之前睡觉的天数超不过10天。整整睡了一下午，晚上得继续写作业。时间很快就到了晚上12点，陆璐第一个在同学群里发出了“新年好!”转瞬间，各种新年祝福、白天新年联欢会的照片、千奇百怪的表情包一下子都涌了出来。陆璐一算，班里有45名同学，此时还没有睡的超过了30个。一个同学说:“大家还都在写作业吗?平时咱们熬夜写作业是写到第二天，今天可是要写到第二年了!”

中学生熬夜，已经成了十分普遍的现象。

几乎每个中学生都有熬夜写作业的经历。“我们班最牛的学霸，还有凌晨4点睡的呢!”一名高中生说。

“双减”要减的不仅是学生的校外培训负担，还有义务教育阶段学生过重的作业负担。如果说校外培训机构是在利用家长的焦虑，那么学校则是家长焦虑的重要来源。毕竟，家长们“内卷”的最终目的，是希望孩子在学校教育中胜出。

近些年，学校教育屡屡成为社会舆论的焦点，而作业则是焦点中的焦点。人们在总结着跟作业相关的怪现象：第一是作业量大，不少学生熬夜写到凌晨；第二是作业难，有孩子这样形容“拿起课本觉得都会，拿起作业一道题也做不对”；第三是作业怪，这些年一直在强调研究性学习，最明显的感受是作业越来越怪了；第四是给家长布置作业……

“双减”政策明确提出要全面压减作业总量和时长，减轻学生过重的作业负担。措施也很具体——

*健全作业管理机制。学校要完善作业管理办法，加强学科组、年级组作业统筹，合理调控作业结构，确保难度不超国家课标。建立作业校内公示制度，加强质量监督。严禁给家长布置或变相布置作业，严禁要求家长检查、批改作业。

*分类明确作业总量。学校要确保小学一二年级不布置家庭书面作业，可在校内适当安排巩固练习；小学三至六年级书面作业平均完成时间不超过60分钟，初中书面作业平均完成时间不超过90分钟。

*提高作业设计质量。发挥作业诊断、巩固、学情分析等功能，将作业设计纳入教研体系，系统设计符合年龄特点和学习规律、体现素质教育导向的基础性作业。鼓励布置分层、弹性和个性化作业，坚决克服机械、无效作业，杜绝重复性、惩罚性作业。

*加强作业完成指导。教师要指导小学生在校内基本完成书面作业，初中生在校内完成大部分书面作业。教师要认真批改作业，及时做好反馈，加强面批讲解，认真分析学情，做好答疑辅导。不得要求学生自批自改作业。

*科学利用课余时间。学校和家长要引导学生放学回家后完成剩余书面作业，进行必要的课业学习，从事力所能及的家务劳动，开展适宜的体育锻炼，开展阅读和文艺活动。个别学生经努力仍完不成书面作业的，也应按时就寝。引导学生合理使用电子产品，控制使用时长，保护视力健康，防止网络沉迷。家长要积极与孩子沟通，关注孩子心理情绪，帮助其养成良好学习生活习惯。寄宿制学校要统筹安排好课余学习生活。

有了这么多详细的规定，学生的校内课业负担是不是就能减轻了？

再看看这段采访——

邹彤生活在我国北方一个大城市，“双减”政策出台后，她的孩子上小学一年级，是名副其实的“双减”第一代。

我见到邹彤时，她这样形容自己：“唉，我现在像是个地下工作者……”

邹彤是孩子班级家委会的成员，最近经常接到老师发来的作业资料。老师暗示邹彤，可以把这些资料转给班里的其他家长，还特意叮嘱：“不要向家长们透露资料来源。”不过，没过几天家长们就猜到了这些作业是老师给的，因为第二天老师就会讲解这些题。虽然没有强迫家长一定要让孩子完成，但大部分家长拿到后都会让孩子自觉完成。

邹彤并不是个案，类似的做法据说仍在多个地方、多个家长群里上演着。

可以看出，减轻学生学校的作业负担依然任重而道远。

被作业困住的孩子

采访陆璐的时候，她说最初并不认为是老师留的作业过多，而是不停地在自己身上找原因："我一开始特别郁闷，觉得自己可能是太差了，写作业怎么能那么慢？"

于是，陆璐设计了一个小问卷，在几个熟人群里发放，"我想看看大家是不是都像我这样，无法实现睡眠自由。"陆璐说。

最终，陆璐收回了41份问卷，其中有10份来自即将升入中学的六年级小学生，剩下的31份来自中学生。

在这个调查中，每天写作业平均时长2~3个小时的占34.2%，3~4个小时的占22.0%，4个小时以上的占14.6%。也就是说，接受调查的学生中有70.8%平均每晚写作业的时间超过两个小时，其中写作业超过3个小时的比例为36.6%。如果仅看中学生，平均每晚写作业时长超过3个小时的，比例则达到了41.9%。

我们来对照一下，2021年4月教育部办公厅发布了关于加强义务教育学校作业管理的通知，提出要严控书面作业总量。学校要确保小学一二年级不布置书面家庭作业，可在校内安排适当巩固练习；小学其他年级每天书面作业完成时间平均不超过60分钟；初中每天书面作业完成时间平均不超过90分钟。周末、寒暑假、法定节假日也要控制书面作业时间总量。

陆璐所调查的这部分学生，写作业时长都远远超过了三至六年级家庭作业“不超过60分钟”，初中家庭作业“不超过90分钟”的要求。

也许有人会问，是真的作业多，还是孩子们磨蹭不得不熬夜？

我采访时随手翻到了陆璐某个周末的作业：记事本上共记录了8科15项作业，其中“大块头”的作业有作文、读后感、完成两套卷子等，最简单的作业是背单词。15项作业，哪怕每一项作业用半个小时，也要七八个小时才能全部完成。

陆璐在发放问卷的同时也进行了简单的访谈。当她把调查和访谈结果呈现出来的时候，我震惊了。特别是看到一个孩子的访谈记录满是“作业！作业！”时，我眼前出现的，不再是一个个的统计数据，而变成了“某初二男生”“某小学六年级女生”。再看了他们所谈的具体内容，这些孩子本该满是阳光的笑脸，竟变成了一个个顶着大大黑眼圈、了无生趣的“小苦瓜”——

某初二男生，平时写作业时长3~4个小时，睡觉时间晚上11—12点。访谈内容：作业太多了……

某初二女生，平时写作业时长3~4个小时，睡觉时间晚上11—12点。访谈内容：真的太多了！每个老师都说自己的不多，一共8科呢，加起来真的无法形容。

某初二女生，平时写作业时长3~4个小时，睡觉时间晚上11—12点。访谈内容：需要机械背默的作业太多。

某小学六年级女生，平时写作业时长小于1个小时，睡觉时间晚上9—10点。访谈内容：目前我是小学生，作业不多，估计到了初中作业量会翻倍吧！

某初一女生，平时写作业时长4小时以上，睡觉时间晚上11—12点。访谈内容：语文抄写的作业太多了，每次最少得抄1个小时，抄《西游记》，抄《朝花夕拾》，啥目的呀！！！

某初二女生，平时写作业时长3~4个小时，睡觉时间晚上11—12点。访谈内容：作业！作业！……

作业多，背后是应试教育的惯性

老师为什么会留这么多作业？

北京某一知名学校初中语文教研组组长说，跟以前相比，现在正处于教育改革进行时，教育政策出台数量多、频率高，很多一线教师一直在适应改革，在摸索中前行，很难形成系统的和有效的作业设计。另外，改革虽然一直在进行，但是应试教育的惯性依然很强，社会上评价一个学生和一个学校时，依然会用分数。其实改革课堂教学，激发学生的研究潜能，让学生在探究的过程中掌握知识，最终是能反映到学生的学业成绩上的。但是，相比较重复训练和高强度训练来说，改革不仅更加费时费力，而且提分效果还会滞后很多，因此，很多老师依然会采用题海战术。

很多人在批评家长时都会提到“剧场效应”，其实，这种“效应”不仅出现在家长中，在学校里和学校之间也广泛存在。如果有一所学校通过违规办学提高了成绩、获得了荣誉，那么其他学校自然就会效法。

这几年，网上时不时就会流传某些“高考名校”的作息时间表，“5:30—6:00起床，晚上11:00之后睡觉”，是这些超级学校的标配。一些在升学这条路上苦苦奋斗的“县中”则纷纷效仿，使得“超级中学”模式成了一种顽强的存在。人们在声讨这种靠“刷题”、挤占学生时间而获得好成绩做法的同时，依然会传颂这些学校每年考上清华、北大学生的比例。

而在大中城市，这种“剧场效应”则表现得更为复杂。

虽然教育管理部门三令五申地不许搞中、高考的排行榜，但是这种以成绩为依据的学校排行榜，在各种家长群中仍然广为流传，更何况“学校开家长会的时候也必会提及”。

我曾经听到过这样一则传闻，一个刚刚带完初三的年级组长成了学校教育处的主任，本以为是升职了，却被知情人告知这是明升暗降。一般学校里每个年级组人员都是相对固定的，每年的中、高考成绩就代表着这个年级组三年的工作成效，既可与其他学校进行横向对比，也可跟本校其他年级组进行纵向比较。而前面所说的这位年级组长，她带的年级当年中考成绩没有达到预期目标，结果她就被调离了这个重要的位置。

这种没有摆在明面上但又实实在在存在的评价，怎能不让老师们向分数看齐呢?! 所以，增加练习数量、提高学习难度，是老师们司空见惯的使用办法。一个中学生家长告诉我，很少看到孩子用“标配”课本学习英语，用的更多的是老师推荐的“资料”，比课本难很多。

2021年，教育部、中央组织部、中央编办、国家发展改革委、财政部、人力资源社会保障部等6个部门联合印发的《义务教育质量评价指南》(简称《评价指南》)，试图扭转的就是唯分数论的局面。

教育部基础教育司的一位副司长在新闻发布会上说，长期以来，一些地方学校包括一些家长，确实存在着唯分数论、唯升学率等不良倾向，比如炒作中、高考状元和各校升学率等。为了扭转这一现象，就是要破“五唯”，要想“破”，就要立标准。

具体举措有：在县域义务教育质量评价体系中，提出了不给学校下达升学指标，不单纯以升学率评价学校、校长和教师，不得举办重点学校，不公布、不炒作中、高考状元和升学率等考查要点。在学校办学质量评价当中，明确提出了要严控考试的次数，不公布考试成绩和排名等硬性要求；考试主要是考查学生的学业状况，以此来反馈和改进教学，不能公布考试成绩和排名。比如，还提出要“实行均衡编班，不分重点班、快慢班”等考查要点。在学生的发展质量评价当中，提出从德智体美劳5个方面来进行全面综合的评价。其次，即使是在学生的学业发展评价当中，也不能局限于学业水平，而是更加突出学生的学习习惯、创新精神，为学生综合素质和终身发展奠定基础。同时，也改变过去单纯的“结果”评价方式，更多注重“增值性”评价，综合考查学生德智体美劳整体的水平和变化的情况。

从“唯分数”到“不唯分数”，政策已经有了，接下来的路，如何走?

老师的非教学负担有多重?

无论什么样的教育改革措施，最终能否落实、落实的效果如何，教师无疑都是非常关键的因素。当前教师群体中确实存在很多问题，比如，教育观念依然陈旧、整体素质也急需提高等等，但是，还有一个事实是不容忽视的——

不久前，一位小学语文教师在朋友圈里晒了她一天的时间表：上午第一节课听课，9—12点去市里参加学习班，中午吃饭和休息用了半个小时，之后的12—下午1点半完成了线上家长会，然后继续参加学习。匆忙赶回学校后填了一堆必须填的表，参加课后服务。组织学生放学后，这位老师跟一个约好的同事谈了话。下午6点赶回家，火速做饭，两个孩子吃上饭后，这位老师又跟两个家长通话，解决了一个当天发生的问题，匆忙吃过饭后写家长会的总结，然后备课……

“别说让我静下心来搞教研了，就连陪自己孩子正经吃顿饭的工夫都没有。”这位老师说。

对于教师背负的“非教学负担”，教育主管部门一直很重视。从2018年起，教育部就提出给教师减负，2019年还被列为“给教师减负年”，当年12月，中共中央办公厅、国务院办公厅印发《关于减轻中小学教师负担，进一步营造教育教学良好环境的若干意见》，从统筹规范督察检查评比考核事项、社会事务进校园、精简相关报表填写工作等方面提出20项要求，被坊间称为“教师减负20条”。2020年，各地制订了具体的减负清单，教育部等8部门又发布《关于进一步激发中小学办学活力的若干意见》，要求大力精简、严格规范各类“进校园”专题教育活动，有效排除对学校正常教育、教学秩序的干扰。

那么，在很多人心目中那个“备备课，上上课，陪孩子玩玩，还有寒暑假”的中小学教师，负担到底有多重？

有这样一个段子：一位教师倒在一堆打印好的文件中，同事拼命把他摇醒。这位教师微睁双目，努力去捡散落的纸张，吃力地说：“这些是我的班主任工作总结、学科教学总结、教研组总结、结对总结、课题小结、个人年度小结、个人三年规划、个别化学习观察记录、各科成绩汇总、个案追踪、家访记录、安全工作总结、消毒登记汇总、学生评估手册、学籍卡登记、德育渗透材料、培优扶差总结、课外活动总结、教学案例、教学反思、教学随笔、教学论文、学习材料、业务学习材料、听课记录……”

有人可能觉得这段子就是在搞笑，殊不知被众多表格、文本压得抬不起头的老师们，已经成了名副其实的“表哥”“表姐”，搞笑，不过是中小学教师用来自嘲和放松的方式罢了。有多少与教学无关的表格，背后就有多少与教学无关的“杂事”。

两年前，湖南湘西的乡村女教师李老师，战战兢兢地写就了一篇题为《一群正被毁掉的乡村孩子》的文章。她这样写到："学校极缺老师，每个人的工作量都很大，比如我教两个班的语文兼班主任，抽空儿还得帮学校写通讯稿……开学以来，学校几乎每周都有检查，隔两天，我们就要带学生大扫除。停课扫地是常有的事，我的语文课已停滞不前……区检、县检、州检、省检、国检接踵而来，班主任大清早带学生扫地，其他老师忙着准备迎检资料，或要完成上级布置的各类表册。你们来了，就真的看见真实情况了吗？资料造得好，就是脱贫了，就是教育搞得好？"

结果，这封信让李老师一夜成名。她连夜被"上级"领导找去"说明情况"，也被勒令删除了文章，并保证以后不会再写。不想之后剧情却发生了反转，"更上一级"领导对她的做法表示了肯定，李老师所反映的情况也引起了教育部的重视。

从什么时候起，教师的办公桌上堆得满满当当的不再是学生的作业而是各种表格？从什么时候起，教师的时间不是被学生占用而是充满了"杂事"？很明显，形式主义是造成这种现象的原因之一。

一些部门在工作中缺乏创新，难以跳出积弊陋习陷阱，开展工作习惯"拍脑袋"，喜欢"一刀切"，热衷照抄照搬地"喊口号"。于是，在社会上"肆虐"多时的"重留痕，轻实绩"的形式主义做法，在校园里就此起彼伏了。

一位中学教师告诉我，"双减"特别对教师提出了科学进行作业设计的要求，学校也马上下达了要求。但是学校要求的所谓"设计"，是每天写出作业设计的思路。"作业确实需要设计，但是设计得是否科学的前提是要研究学生，写出完整的思路至少要上千字。而本来要填的表格、要写的总结就够多了，都写完了哪儿还有力气进行真正的研究?”这位老师一脸的无奈。

采访得知，教师负担减不下来的根本原因，是“一刀切”和“轻实绩”等惯性思维。必须去除学校管理中的形式主义，才能相应地减轻教师的“非教学负担”。

还有一个原因，这几年中国教育改革进入了深水区，改革政策频频出台，从义务教育阶段入学改革，到教材及课程改革，再到中、考高考改革，每个政策都对准了曾经的传统观念和习惯做法，对于这些改革的最终执行者一线教师来说，吃透政策本来已经是一件费时费力的事，再获得改革成效则更需时日。难的是又赶上“浮躁”之风在社会上的蔓延，戴上急功近利眼镜的旁观者，对学校教育、对教师工作越来越挑剔。这些在带给教师压力的同时，也造成了部分教师采用急功近利的做法，本应遵循、尊重的教育规律被破坏了。

我们在讨论中小学生负担的时候，经常会提到应试教育。的确，应试教育，也是造成中小学教师负担过重的重要原因。

应该说，这些年所有基础教育领域的改革都是指向应试教育的，但效果一直未能尽如人意。这既显示了传统的应试观念在校园与社会上的根深蒂固，也说明了我们的教育评价体系依然没有摆脱“以分数论英雄”的窠臼。由此带来的结果是，改革并没有把应试教育赶出校园，反而在原来的基础上进行了叠加。笔者在不少学校了解到，为了顺应改革的要求，很多教师一边在精心准备如何引导学生探究、思考，一边又让学生大量“刷题”；表面上大张旗鼓地给学生减少书面作业，暗地里又在赶进度、加难度。这种情况怎能不造成教师更重的心理负担和精神压力？

中办、国办发布的“教师减负20条”给出了4条减负重要举措，一是减少督察检查评比考核事项；二是减少社会事务进校园的数量；三是减少报表填写工作；四是减少抽调借用中小学教师事宜。这些举措，确实都打在了点上。

其实，梳理一下近几年发布的教育改革措施，细看条目就会发现，很多措施在之前出台的法律法规中就有规定，还有的之前虽然没有写进政策条例，却近乎常识。比如，“教师减负20条”有这样的规定：“对于强制摊派无关事务，坚决杜绝，不得随意让学生停课、出人出场地举办有关活动。”学校本是教书育人的场所，校园中最大的事就是给学生一张安稳的书桌，让老师心无旁骛地教，让学生安安静静地学，怎么可以随意停课？

政策制订得再好，关键还在执行。中办、国办发布的文件中特别指出，为中小学教师减负并不是教育部门一家的事，而是“各地区各部门”的事，这也使得各地教育部门告别了“单打独斗”的尴尬局面。只要严格按照政策一项项真正落实，就应该能够把该减的“负”减下来。

而随着“双减”政策的推进，特别是学校普遍开展课后服务之后，教师负担过重的问题又出现了新的特点。

“教师是教育的第一资源，建设高质量教育体系，必须保障教师职业生活的幸福和尊严。”北京师范大学中国教育政策研究院执行院长张志勇说。他还说，解决学校教师短缺问题，可以在两个方面挖潜，一是合理安排教师的课堂教学，二是合理安排课后服务，能不能让教师每周有一两次可以弹性上下班的机会?

我在采访中了解到，全国很多地方正在尝试让教师的工作更有“弹性”的办法。比如在北京，一些学校在每个班都设立了正、副两个班主任，副班主任由那些教学任务相对少的科任老师承担，尽最大可能发挥所有老师的积极性和潜能。

第四章 “军备竞赛”伤了学校教育的元气

在这场“卷”出来的“军备竞赛”中，有赢家吗？

“双减”政策出台之前，整个教培行业似乎是赢家。随着越来越严重的“内卷”，家长为了给孩子报班不惜每年花几万、十几万元甚至更多的培训费，培训机构成为资本的宠儿，那是一个疯狂发展的时期。但在一个工资收入水平整体并不高的国度，拿不出这么多钱给孩子报班的家庭怎么办？这无疑又加大了贫富差距，形成了新的社会问题。

有媒体报道，2016年以前，我国海外上市的教育培训企业不超过10家，而自2017年起，行业内企业上市步伐明显加快，多家教育培训公司陆续登陆港股和美股市场。截至2021年6月30日，共有65家教育培训企业在海外上市成功。2019—2020年教育培训行业整体行情较好，海外上市公司总市值大幅增加。2020年，该板块的市值达到了8651亿元。资本疯狂的背后，是占据更多的教育资源，比如他们高薪聘请优秀教师，竟使某些老师不再好好在校内讲课，而让学生去参加他的校外补课班。这势必影响正常义务教育的质量，也阻碍了寒门子弟的上升空间。

应该说，如此野蛮生长是不健康、不正常的教育生态的最为外化的体现。所以，2021年6月，教育部正式成立了校外教育培训监管司，全面承担面向中小学生（含幼儿园儿童）的校外教育培训管理工作。7月“双减”政策出台，首先要做的就是对校外培训机构的从严治理，全面规范校外培训行为。

“双减”政策规定——

*坚持从严审批机构。各地不再审批新的面向义务教育阶段学生的学科类校外培训机构，现有学科类培训机构统一登记为非营利性机构。对线上学科类培训机构，由备案制改为审批制。各省（自治区、直辖市）要对已备案的线上学科类培训机构全面排查，并按标准重新办理审批手续。未通过审批的，取消原有备案登记和互联网信息服务业务经营许可证（ICP）。对非学科类培训机构，各地要区分体育、文化艺术、科技等类别，明确相应主管部门，分类制定标准、严格审批。依法依规严肃查处不具备相应资质条件、未经审批多址开展培训的校外培训机构。学科类培训机构一律不得上市融资，严禁资本化运作；上市公司不得通过股票市场融资投资学科类培训机构，不得通过发行股份或支付现金等方式购买学科类培训机构资产；外资不得通过兼并收购、受托经营、加盟连锁、利用可变利益实体等方式控股或参

股学科类培训机构。已违规的，要进行清理整治。

*规范培训服务行为。建立培训内容备案与监督制度，制定出台校外培训机构培训材料管理办法。严禁超标超前培训，严禁非学科类培训机构从事学科类培训，严禁提供境外教育课程。依法依规坚决查处超范围培训、培训质量良莠不齐、内容低俗违法、盗版侵权等突出问题。严格执行未成年人保护法有关规定，校外培训机构不得占用国家法定节假日、休息日及寒暑假期组织学科类培训。培训机构不得以高薪挖抢学校的在职教师；从事学科类培训的人员必须具备相应教师资格，并将教师资格信息在培训机构场所及网站显著位置公布；不得泄露家长和学生个人信息。根据市场需求、培训成本等因素确定培训机构收费项目和标准，向社会公示、接受监督。全面使用《中小学生校外培训服务合同（示范文本）》。进一步健全常态化排查机制，及时掌握校外培训机构情况及信息，完善“黑白名单”制度。

*强化常态运营监管。严格控制资本过度涌入培训机构，培训机构融资及收费应主要用于培训业务经营，坚决禁止为推销业务以虚构原价、虚假折扣、虚假宣传等方式进行不正当竞争，依法依规坚决查处行业垄断行为。线上培训要注重保护学生视力，每课时不超过30分钟，课程间隔不少于10分钟，培训结束时间不晚于21点。积极探索利用人工智能技术合理控制学生连续线上

> 培训时间。线上培训机构不得提供和传播“拍照搜题”等惰化学生思维能力、影响学生独立思考、违背教育教学规律的不良学习方法。聘请在境内的外籍人员要符合国家有关规定，严禁聘请在境外的外籍人员开展培训活动。

按照教育部公布的最新消息，截至目前，12.4万个线下校外培训机构已压减93.21%，263个线上校外培训机构已压减87.07%。学科类培训机构“营转非”“备改审”完成率达100%，政府指导价管理全面落地，预收费全部纳入监管，培训广告基本绝迹。与此同时，资本也已大幅撤离培训市场，上市机构全部剥离学科类培训业务，总市值从2021年3月的9477亿元下降到2021年12月的1128亿元。

校外培训行业的野蛮生长，终于得到有效遏制。

如果认真研读一下中央“双减”政策，你会发现，在“双减”政策6000余字的文本中，“学校”和“校外培训机构”这两个高频词，分别出现了43次和37次。政策提出，要通过规范校外培训市场，让学生的学习更好地回归校园。

这一退一进，是对教育格局的重大调整。

然而，这并不是简单的加减法，首先要找回学校教育的底气。

学校教育为啥有了形式主义？

不久前，教育部公布了新修订的《义务教育课程标准》(2022

版），规定了16门课程的授课标准，其中就包括了劳动教育的课标，并提出“新课标”将于2022年秋季学期开始执行。应声而起，劳动教育课很快就火出了“圈”，“教育部要求9月起中小学生要学会煮饭”“教育部要求五六年级学生会西红柿炒鸡蛋”等多个话题上了热搜。

这里要讨论的不是学生该不该学会煮饭的事。劳动教育有了“烟火气”是一件好事，我们的课标终于具有了可操作性的规定，也有了与学生生活息息相关的内容，确实是一个不错的导向。

我要说的是，当我跟一名中学生谈起相关话题时，她的第一反应却是:“最多就是拍几段视频、拍几张照片吧。”

这个反应其实很真实。

我们并不缺乏这样的案例。多年来，一提到感恩教育，就会有学校给学生留下“为长辈洗脚”的作业。不久前，一则“女儿拍摄‘给爸爸洗脚’作业”的视频引发网友热议。媒体报道的视频显示，一个女儿拍完了给爸爸洗脚的照片之后，马上就离开了爸爸的房间，原来她并没有真的给爸爸洗脚，而只是为了拍照交作业。这位爸爸称，一开始挺感动，后来觉得挺意外。这种形式主义的做法，正在伤害学校教育与身在其中的孩子。

创新也会变“奇葩”

这几年，网上流传着很多跟作业相关的段子，不少人这样描述：不写作业“母慈子孝”，一写作业“鸡飞狗跳”，甚至家长被气成了“心梗”，不得不进医院抢救。

虽然这种情况的发生与家长的教育方式不当有关，但也与作业越来越“奇葩”有关。

应试教育的惯性还在，分数依然是学校教育的“王道”，这些根深蒂固的观念没有改变，很多改革在“惯性”和“王道”的加持下变了样。

其中最为明显的就是，教改推出的各种研究型作业，变形成了“奇葩”。

几乎所有给孩子辅导过作业的家长都认同，现在的作业跟自己小时候很不一样了——形式更加灵活，难度也越来越大，“一眼就能看出答案”的题目，少之又少。

确实，随着教育改革的不断深入，我国中小学教育越来越注重对学生创造性的培养。在作业上表现为，更加注重学生运用知识的能力，很多作业题都会以实验、项目、“小报”等形式呈现，即使是书面作业，也更倾向于把题目融入生活实际存在的问题之中。

然而孩子毕竟缺少实际生活体验，辅导孩子完成这类研究型作业，便成了很多家长的“必修课”。不过，真正让家长们“崩溃”的还不是辅导本身，而是在被不断创新的作业形式一遍遍“洗脑”之后，他们骤然发现，那个名为“标准答案”的“紧箍咒”，仍然在大行其道。

陆文是我国南方某大城市的学生家长，采访时他的儿子正在上小学三年级。

一天儿子拿给他一份满是“红叉子”的语文作业，作业中有一小段描写石榴花的文字：“嫩绿的叶子、火红的石榴花”，文字最后一句把石榴花比喻成了“一个个活泼可爱的小喇叭，正鼓着劲儿在吹呢”。题目主要围绕这个比喻句展开，让孩子回答“写出了石榴花的什么特征？”儿子填上了“形状”。

这个答案却被画上一个红叉子。老师给出的标准答案是：写出了石榴花的美丽与活泼。

“为什么只能回答一个答案而不能是别的？我儿子的答案有他的道理，也不至于是错的呀！”陆文说。

题目已经创新了，答案却还停留在标准答案的旧巢中。改一改思维方式，就那么难吗？

这又回到了老问题。虽然素质教育提出很多年了，考试改革也不断提出要以能力为导向，但事实上当下的考试还是侧重于考知识。考试就是指挥棒，当考试以考知识为主时，教学必然以教知识为主，必然会把知识转化为各种题型，变成各种作业。如果仅仅是改革作业形式，那么仍然会面临着“不管怎么改，最终都面临标准化”的尴尬局面。

除了部分老师还习惯性地对“标准答案”情有独钟，还有些已经披上了“创新”外衣的作业，本身却缺少足够的科学性。

很多小学生都完成过“保护鸡蛋”的作业，也有不少幼儿园的小朋友都在西方万圣节前后做过南瓜灯，甚至有媒体报道，那一两天的菜市场里竟会出现“一瓜难求”的景象。

为什么说这些作业是“伪创新”？因为这类创意虽好，但在实施过程中却容易走过场、走形式，让本来挺好的作业成了家长的负担。

上海一年级学生家长王女士对一道数学题印象深刻。那题目是让学生在给出的动物中找出“四条腿的小动物”和“两条腿的小动物”。作业给出了8只小动物的图片，这些图上的动物有不少是完全拟人化的，比如猴子、兔子，都是两条腿站立着的，还有的像“洋娃娃”一样坐在地上。于是，不少孩子蒙圈了。这些一年级的小朋友，有的会调动自己大脑中的常识来回答问题，有的就只会在图片中数小动物腿的个数，结果不少孩子出了错。

王女士的儿子阳阳则更加“与众不同”。他只给7只动物做了归类，还有一只天鹅，他既没有归入“四条腿的小动物”，也没有归入“两条腿的小动物”，因为图上画的天鹅正在水面上游泳，两条腿全部在水下看不见，所以，阳阳认为这只动物无法进行归类。

阳阳的答案显然不符合“标准答案”。

我相信，老师绝不会是有意为难孩子，但出题人的考虑显然不够严谨，一是采用拟人化的画风，二是没有考虑到孩子们看问题的视角会与成年人不同。

教育创新本身是好的，但是在创新过程中是否对它的科学性进行了充分论证，也是一个重要的问题。再说，什么才是真正的创新呢？孩子们的创新思维又从何而来？“标准答案”之下，又如何要求孩子们能有创新意识？这恐怕才是最该首先厘清的吧？

曾在全国两会上大胆发言而成为“网红”校长的江苏省锡山

高级中学唐江澎先生曾经这样告诉我，现在学生作业存在着一个很大的问题是“依葫芦画瓢”，比如高考有阅读理解题，于是平时作业也要给学生进行大量的阅读理解训练。但是，这里面又充斥着很多粗制滥造、未经严密推敲的题目。几年前，唐江澎曾经参加过一个课外辅导读物的评审，却发现“那里面的阅读理解题70%会把孩子的思路引偏”。

显然，作业的设计在科学性上还有很长的路要走。

热闹的课堂，可能是“演”出来的

近些年我发现，只要是进入学校进行采访，看到的课堂一定是研究型、探究式的，学生们讨论得热热闹闹。

热闹的课堂学生学到的东西就多吗？踊跃发言就意味着积极思考吗？

一次在一个中小学校长论坛上，已故国家教育咨询委员会委员、教育专家陶西平讲了这样一件事。他听了一节讲授平行四边形面积的数学课，课堂上老师给学生们呈现了一块长方形的土地与一块平行四边形的土地，用各种方法让学生进行比较，还进行了充分的讨论，最终在下课之前得出了平行四边形面积公式。他说：“我旁边坐着一位数学专家，对这样的课堂非常不理解，‘这节课不就是一句话？平行四边形面积等于底乘高’？”作为教育工作者，陶西平马上向这位数学专家进行了解释：这是为了让孩子知道探索的过程。那位数学专家却回答：“探索是要探索未知。而其实学生们在上课前只要看看书，就已经知道面积公式是底乘以高了。”

这句话一下子引发了陶老的思考，他说：“我们以前总认为不懂装懂是不好的，但是现在很多探索课是‘懂装不懂’，本来学生是懂的，却让学生装作不懂。”

陶西平还说，构成成功的沟通有三个要素：沟通的活力度、参与度、探索度。其实我们的课堂也是一种沟通，是学生和老师之间的沟通，如果用这三个维度对现在的课堂教学进行评价的话，那么，很多课堂学生和老师的活力度、参与度都够，但是探索度不够。虽然热热闹闹，但是没有新的信息。

缺少了探索度的研究型学习，只能成为“伪研究性”学习，其形式会大于内涵。

在一个小学课堂上，一名五年级的小学生曾经这样对我说：“我们知道你们来听课喜欢听什么。你们最希望在课堂上听我们说‘我不同意刚才那位同学的观点，我认为……’老师和听课的人喜欢听啥我们就说啥呗，就像演戏。”

多恐怖！

“为什么我们的学校总是培养不出杰出人才？”这是著名的“钱学森之问”。钱老给中国教育发展提出了一道艰深的命题。为了破解这个难题，在之后的十多年里，中小学大张旗鼓地实施了新的课程改革，改变传统的灌输式教学模式，实施素质教育，开展研究型学习。不过多年来，我们的教育改革在实施的过程中仍容易陷入“追求立竿见影的”窠臼，哪怕是表面效果也无所谓。这种形式主义的做法背后，其实是一种官本位的思想，上级交代的事情要尽快执行并达到效果，这样就有了功绩，向上负责。

但是，教育中最要不得的就是这种官本位，因为教育面对的是未成年人，教育者的每个行为都在潜移默化地影响着他们，这个影响绝不仅仅是做题、上课，而对他们做人的影响力甚至更大。因此，所有的教育行为首先都要对未成年人负责，为他们的成长负责。任何一项改革措施在实施过程中都要先静下心来，把文件、政策与当地社情、校情、学情结合起来，进行深度的研究和分析，并做出最适合本地学生的方案，才能真正把政策落到实处，才不会让教育走上形式主义的道路。

什么才是学校教育的底气？

“双减”之后，学生回归校园，教育的责任回归学校主阵地。学生和家长最看重的是什么？当然是教育质量。为什么现在家长们依然会东躲西藏地给孩子上培训班？这背后说明，家长对学校教育的质量还没有充分的信任。

北京市教委的一位负责人在2022年的一次研讨会上说，在调研中经常看到学校老师强调，作业量已经减少到了过去的60%，“其实，我们更应该关注的是目前的这些作业，是不是能够承载起过去作业量的效果，是不是还能有提升？”

这位负责人说到了问题的关键。为什么校外培训市场进行治理之后依然有那么多家长不顾风险，选择隐形变异的校外培训？

“双减”政策中提到“压减作业总量和时长，减轻学生过重作业负担”时共有五个段落六百余字，其中明确提到“减”的只有一个段落，不足百字，而以更大篇幅、重点强调的都是如何增强设计、如何分层分组、如何通过作业更好地分析学情，也就是教育的质量。

这应该是“双减”政策的重要初衷：要通过“双减”，促进教育改革和社会进步，通过教育的手段激发受教育者的“潜力”，让受教育者找到适合并擅长的领域，从事相关的工作和活动，而不是不加区别地把所有孩子培养成同一个类型。

“双减”在这里又提到了作业。为什么是作业？

北京市海淀区一位著名校长道出了其中原委：作业是每名中小学老师几乎每天都要面对的一件事。但这些年来，作业却成了教师们“最熟悉的陌生朋友”。老师们每天讲课的内容都有课件，但是“作业”那一栏里通常是简单的题号，比如“P15~P18”，有的干脆在教学设计里直接写上“作业略”。

“双减”政策明确提出：要发挥作业的诊断、巩固、学情分析等功能，同时提出要将作业设计纳入教研体系，系统设计符合学生年龄特点和学习规律、体现素质教育导向的基础性作业。鼓励布置分层、弹性和个性化作业，坚决克服机械的、无效的作业，杜绝重复性、惩罚性作业。

在“双减”政策的顶层设计中，作业不再是简单的重复演算、抄抄写写，而是每一道题、每一份教学设计都要经过教师们精心的论证，成为教师专业技能的体现，同时也是一个学校教研成果的体现，真正成为减轻负担与提高质量之间的重要杠杆。

目前，这个“杠杆”依然是薄弱环节。有些地方和学校还出现了研究性作业“走过场”的现象。

老师们也意识到了这个问题。

北京师范大学中国教育与社会发展研究院不久前刚刚完成的全国“双减”成效调查报告显示，74.3%的教师表示，“双减”后“作业设计要求更高了”，但是近五成教师存在着作业设计方面的困惑与困难，比如，“作业素材与相关资源不够”和“设计分层、弹性、个性化作业的能力不强”等。

参与该项调查的专家表示，要提升教师作业设计能力，除了将作业设计纳入地方教研体系和教师教研规划外，还要对教师开展专项培训，并利用各级中小学智慧教育平台，汇聚共享优质作业资源，提高教师分层、个性作业设计与评价能力。

因此，“提质增效”，从根本上满足学生多样化的教育需求，确保学生在校内能够学会、学足、学好，才是把学生留住的底气，才能真正发挥学校主渠道、主阵地的作用。

而增加这种底气的关键，还在于义务教育阶段学校教育是否能达到优质均衡，教学质量、效能是否得到有效提升。这需要让教育要素“活”起来，需要把教师身上的教育情怀和教育激情重新激发出来。

2022年9月秋季开学后，北京所有的区都已开展教师交流轮岗。具体来说，在校长层面，凡是距离退休时间超过5年并且在同一所学校任职满6年的正、副校长，原则上应进行交流轮岗；在教师层面，凡是距离退休时间超过5年并且在同一所学校连续工作6年及以上的教师，原则上均应进行交流轮岗。本次交流轮岗主要包括两种类型，一是城区学校完善学区（教育集团）改革，推进的跨学区（教育集团）的交流轮岗；二是远郊区学校全面推进交流轮岗。

北京市东城区一所中学的王萍萍是一名资深英语骨干教师，去年开始到集团内一所教育薄弱的校区轮岗，负责初中、高中英语组的教学指导工作。她不仅要听课、评课，还让身边的老师们到自己的课堂听课，提供示范。通过一年的努力，分校学生的英语成绩有了显著的提高。

事实证明，当教师轮岗常态化、制度化之后，这一举措确实能成为均衡校际差距的有效措施。

不过，有专家指出，教师轮岗真正做到常态化、制度化依然存在很大的挑战，其最大问题就是各地依然存在着“强校”“弱校”“优质校”“普通校”的差别。现在的学校还是能分出三六九等，只要这种等级存在，教师轮岗就会遇到阻力，而且学校之间的差距越大，阻力就会越大。

第五章　不信任，伤了家长和学校之间的情感

在多年的采访中我发现了这样一个变化，很多年前，孩子在家里如果遇到不会做的题，家长一般会跟孩子说，“明天到学校问问老师”。这两年变了，如果再发生这种情况时，不少孩子会倾向于发给培训班的老师，老师通常都会给予解答，有时候甚至很晚了，培训班的老师也会尽可能地回答。

“现在有几个孩子晚上会把不明白的题发给自己学校的老师？”一位家长说。

问句的背后是部分家长学生对学校责任心的不信任。

一篇被反复“挖”出来的家长自述

做记者这么多年，我感受到家长和学校、老师之间的情感与关系正在慢慢疏远。为什么会这样？症结在哪里？我一直没有弄明白。直到看到一篇家长的自述，用一个教育参与者的眼光来观察后发现，家校之间的信任是一点点建立起来的，但是裂痕也很

容易出现，一旦形成了缝隙，信任就开始坍塌。

《6年后我将收获怎样一个孩子》一文写自孩子入学一个月后，呈现了一个新生家长内心的不解与无助。稿子发出来后，引起了很多人的讨论，不少家长感同身受。虽然这篇报道发出已经有几年了，但是每每读来发现，当年困惑家长的问题今天依然存在，而且，每到新学年开始的9月，就会有一些公众号把这篇旧文“挖”出来。今天我也把这篇文章放在这里，除了寻找与家长朋友的共鸣之外，还想从这篇自述的字里行间寻找家庭与学校渐行渐远的起点。

6年后我将收获怎样一个孩子

在被朝阳染成金色的清晨，三两成群的孩子不断地在被警戒线隔开的小小通道里或快或慢地向小学校门走去。

在这群孩子中，一个纤细的小女孩的身影一直被我的目光注视着。背上那个跟她身材相比显得十分巨大的书包，让她不得不用力把身体往前探才能保持平衡。

这个小小的女孩就是我6岁的女儿。

一个月前我坚定地把她送入了小学校门，用每天清晨亲手烹制的早饭、傍晚的第一个微笑作为礼物，庆祝她人生中重要的成长。

然而，随着小学生活的真正开始，我的坚定却变成一天浓似一天的疑虑。

一进校门的下马威

我用了6年力图把女儿培养成“她自己”，告诉她每个人都是“独一无二”的，既不妄自菲薄，也不妄自尊大，让她慢慢明白“你有你的好，我有我的好”。

但是，刚刚过去的这一个月，我的这个理念受到了根本性的挑战。

几十年前，自己也曾经是一名小学生，知道学校里最大的规矩就是整齐划一，几十年过去了，我们这个社会到处都在张扬个性，依此推断，现在的孩子即使不能张扬，至少也不至于被压抑。

没想到仅准备学具一项，就给了我们一个下马威。开学第一次家长会结束后，老师给了一份极为详尽的PPT，对买什么样的本、笔、文具袋、文件袋、舞蹈鞋等都做出了详细的规定，对每一本书、每一个本包什么样的皮，包多厚的皮，名字写在哪里，用什么方式写也都规定得一清二楚。

那个周末我们奔波在家附近的几个大超市和批发市场里，采购老师开列的各项用品，一项项地落实。

没想到老师检查时，认为很多孩子的用品都不合格，也包括我女儿。

那天回来，女儿着急地怪我：“为什么不给我买一双白色的舞蹈鞋?”

因为女儿一直在学舞蹈，家里有好几双规范的芭蕾舞舞蹈用鞋。怎么会不合格?

女儿说，老师交代了一定要买白色的，前面是宽宽的松紧带而不是细鞋带的。

“又不是上台表演，平时上课用，有必要这么统一吗?”几天的奔波焦躁，让舞蹈鞋成了压垮我的“那根稻草”，“就穿这个，不用非得换。”我生硬地对女儿说。

女儿没出声，我转身一看，她的眼睛里充满了泪水，脸上写着焦急和恐惧，小声对我说，“有小朋友已经挨批评了”。

我怎么可能让刚刚上学的女儿因为这点儿小事就受到责备，怎么能让她这么无助?!

我立刻起身带着女儿到老师推荐的商店去买了合乎要求的舞蹈鞋。

女儿的心情平复了，但是我却异常难受，我不停地问自己：是我错了吗?

“三分教七分等”的教育观一开学就让我碰了壁

我用6年学会了等待，明白了孩子的成长是“三分教七分等”，但是这一个月，我不得不加快自己的脚步。

因为明白学龄前的孩子应该以游戏为主，所以，一直坚持没让孩子上能学更多知识的学前班，孩子的小手主要用来使用剪刀等各种工具，她手中的笔也更多是用来画画的，很少写字。

上学了，写字成了必须的一课。知道孩子缺少这方面的训练，所以，孩子写字的时候我会格外用心，我认真观察她，她每写一个字的时候都很努力，一笔一画地很用力。虽然每一个笔道还歪歪斜斜，因为用力很猛所以页面看起来不干净，但看着她这么认真，我料想她一定能顺利度过这一关。

可没过两天就收到老师发来的信息："孩子的书写很不好，家长监督孩子把每个字写好。"

书法是需要长期练习的，刚上小学不到一周就要求孩子把字写得横平竖直、像模像样，可能吗？——孩子不是神童就是得从幼儿园抓起。

看着孩子认真而痛苦的样子，我在想：我所秉持的"等待"到底对不对？如果对，为什么给孩子带来了比别人更多的痛苦？如果不对，那到底什么才是对的呢？

"只有服从没有商量"的家长生活

我用了6年试图让女儿明白，人与人之间关系的基础是互相尊重。我也深知，要想让孩子学会尊重他人，首先要对她尊重，不能因为自己是家长就颐指气使，不能因为自己是成年人就乱用权威。

但是，经历了这一个月的学生家长生活，却让我不得不忧虑。

出于安全考虑，现在的学校在出入校门方面有着极严格的管理，没有特殊的情况，家长很难看到孩子平时在学校的状况，也很难了解老师与孩子之间是如何互动的。

但是我仍然充满疑虑。

从开学起，老师就与家长间创建了微信沟通的渠道。看到老师长长的信息，再看里面详尽的各种要求，首先想到的是老师很辛苦，父母两个人管一个孩子都经常会觉得力不从心，更何况一个老师要管理全班40个同学。于是，我在收到信息后会回复老师信息已经收到，并由衷地表示感谢。

没想到，两天之后，老师给所有家长发了一条信息：接到老师的短信通知，不需要回复的不必回复，需要回复的会特别说明。

接到短信突然一愣，缓过神来再读每天必到的短信，发现老师的短信虽然多以“家长好”开头，以“谢谢合作”结尾，但是通篇看下来基本都是各种命令，比如，“明天必须带……”“今天有孩子本上没有家长签字，请注意”等。

我知道了，这是一个只有“下达”没有“上传”的渠道，老师们似乎已经习惯了没有“商讨”只有“服从”的方式。

老师跟家长的沟通尚且如此，对孩子会不同吗？

热爱集体的“小红旗”是家长买东西换来的

还有一个困惑，我用了6年让孩子明白送礼物不是做事的动因，所以，我尽量不把获得礼物作为让孩子做事的交换条件。

但是，这些天女儿已经用“小贴画”成功地换回了两块橡皮，又用几张印着图案的小纸片换回了一块棒棒糖，她还在一个小本子上积攒着另外一堆“小贴画”，据说攒够了10个就能换回更大的礼物。为了让孩子在班级墙上“热爱集体”一栏中插上更多的“小红旗”，我们给班里买了绿色植物、餐巾纸，送去了美化墙壁的墙贴、参与本该由学生自己参与的班徽设计……

与现代教育观尖锐对立的教育方法在我女儿入学后都在硬生生地发生着。

再过6年，这所名牌小学能还给我一个充满创造性的孩子吗？

这些年社会舆论不是一直在讨论如何培养孩子的创造性吗？可是你去学校里听听课就能发现：下课会有人喊，都去喝水上厕所了，大家听令而出；上课都把小手交叉放在课桌上；回答问题都把手举得一样高；打开书包所有孩子的书皮都一模一样；所有的铅笔都是2H的，连笔尖都要一样的粗细；连书皮上的名字都要一种式样写在同一位置……

如此的整齐划一，6年后，我的女儿怎么可能不像流水线上的产品?!

我一直坚信一位教育家的名言：教育意味着一棵树摇动另一棵树，一朵云推动另一朵云，一个灵魂唤醒另一个灵魂。

教育的目的不是把我们头脑里的东西强势地倒给孩子，而是唤醒他的灵魂，激发他体内巨大的创造力。

我已经用6年时间尽力把我身边这个孩子当成一个比我小一号的人，了解她的内心，同时也让她体会我的内心。现在我怀着满腔热情把这样一个小小的孩子送到了学校，我期望学校能比我做得更好，让这么一个小小的孩子沿着她特有的生命轨迹长大、长高。

再过一个6年，我会收获一个怎么样的孩子?

现在，我有些恐惧了。

最初的不信任来自“表里不一”

一篇家长自述把家校矛盾问题明明白白地摆在了纸面上。

应该说，绝大多数情况下，家长是很希望与学校、与老师保持一个良好的信任和互动关系的，因为几乎每一个家长都有一个朴素的想法，自己跟老师的关系好了，自然而然老师会对自己的孩子更好。因为这个希望，家长成为家校之间愿意“讨好”的一方。可能就是这种小小的不对等，让家长与老师的相处微妙了起来。

刘女士在一家出版社工作，疫情开始之前女儿成了一名小学生，刚开学没几天，家长们就自发成立了一个家长委员会，刘女士也在其中。

这是刘女士求之不得的事，她希望有更多的机会跟学校和老师沟通，也愿意成为老师和其他家长之间的桥梁。同时，她还有一个私心：能借由家长委会成员的身份给班级做更多的“贡献”，从而获得跟老师更好的关系。

可是，两次家长委会会议后，刘女士发现，如果没能事事想在前面，即使进入了家长委会，也不意味着就能自然而然地获得为班级“做贡献”的机会。

第一次开会，参会的共有11名家长。这些家长中只有两人是空手来的，其中就包括刘女士。有的家长拿来了丈量好尺寸的窗帘，有的拿着拖把，有的拿着孩子冬天挂大衣的衣架。一看这阵势，刘女士颇感不安，但看到还有一位家长跟自己一样，才稍稍安心。没想到，会议结束的时候，空手而来的家长只剩下刘女士一个了，之前跟她做伴的那位，趁着大家讨论的时候打了几个电话，没多久，若干盆绿色植物就送到了教室，每个窗台上都点缀了绿色。

“我根本想象不出来，这些家长是什么时候摸清了班里的情况。他们拿来的东西不仅是班里正需要的，而且尺寸、大小、样式刚刚好。”刘女士说。

为了能讨好班里的老师，家长们确实在使出浑身解数。送礼、送钱是最没有创意的招数，最让人羡慕的，是能找到帮老师解决难题的机会。

终于，刘女士抓到了这样一次宝贵的机会。

“十一”长假前，老师告诉家长班里要做墙报，不仅需要艺术设计，同时还要进行专业的、大篇幅的打印，希望有能力的家长帮忙。刘女士当然要积极争取，老师最终把这个机会给了她。

不过，接到任务后刘女士心里很忐忑，因为她既没学过艺术也不是搞设计的，不过为了抓住给班里做贡献的机会，硬着头皮也要上。刘女士找了自己一个搞设计的朋友，整整一个星期，设计、修改，再设计、再修改，终于完成了任务。为了表示感谢，刘女士付给朋友2000元作为酬劳。

家长付出了金钱、精力等努力后，必然渴望得到回报，而且付出越多，希望得到的回报也越多。

从这些故事里，我们基本能推导出事件发展的走向。

如果老师给出家长所希望的回报，喜剧结局。刘女士的故事就是这样的。墙报每学期才更换一次，这种一年只有两次的机会多么难得呀！果然，刘女士完成了老师交给的任务后非常兴奋，而更让刘女士兴奋的是，自从墙报贴到墙上之后，老师对她的态度有了很大转变，从原来的不冷不热变成现在的客气、热情。“老师对我的态度客气多了，我想她对我儿子也不会差的。”刘女士说。

我们设想一下，如果家长没有获得期望中的回报会怎样？显然就会生出嫌隙，老师和家长之间的矛盾自然就会产生。

但是用这种方法获得的家校和谐其实是非常脆弱的。因为家长对老师的喜爱和尊敬并不是发自内心的，而是带着很功利的目的。老师内心也明了，所以与家长的沟通中二者常常是“表里不一”，甚至是“口是心非”的，“表面热络”的背后是不信任和猜忌。

“家长群”压垮了什么？

家长和老师的这种关系，在家长微信群里表现得最为淋漓尽致。

随着移动互联网的快速发展，手机社交平台迅速普及，老师和家长的沟通渠道已经从短信进入微信。从幼儿园到中小学，几乎每个班级都建立了用于家校沟通的微信群，老师发通知、留作业等变得方便快捷了，家长也可以第一时间得知孩子的在校情况。

不过，任何事情都有两面性，微信群也一样。

虽然家长和老师都在一个虚拟的空间里，但和现实生活中一样，家长和老师之间、不同家长之间、家长背后所代表的不同孩子之间，会发生各种各样的故事，也会有小摩擦甚至产生矛盾。就像人们常说的那样：有人的地方就有江湖。据采访，现在的家长微信群就是一个江湖，群里家长、老师的个人利益、群体利益交织在一起，于是就有了争斗、猜忌、恩怨，看似一团和气，实际上暗流涌动。

在微信群里，几乎没有哪个家长能做到不把老师布置的任务当回事。以前都说“孩子把老师的话当圣旨”，现在“把老师的话当圣旨”的，又多了几乎同样多的家长。

尽管不少家长在职场上都颇有“身份”，有的甚至是领导、是权威专家，但是只要进入家长群，所有人的社会“身份”就都没有了，几乎只对老师的话言听计从。

在微信群里，谁完成了老师交代的任务、完成得怎么样，都一目了然，大家能不互相较劲儿吗？不为别的，就为了孩子。于是“为了孩子”，家长们不仅“把老师的话当圣旨”，争先恐后地完成老师布置的任务，而且纷纷利用各种机会讨好老师，有时甚至可谓谄媚拍马。只要老师发了什么，后面一定会克隆出三四十个“老师您辛苦啦！”“谢谢老师！”

在家长微信群里，老师是众星捧月般的存在，家长对老师的态度是小心翼翼、毕恭毕敬的，按理说，老师的心理感觉应该不错。

但事实并非如此。

“家长的微信群，我是能不进就不进，能少说话就绝不多说话，而且也要求家长少说话。”在北京市某中学教英语的郭老师说，“在微信群里，跟家长相比，老师是弱势群体。”

“家长群里老师是弱势群体”？这让我大吃一惊，估计家长们也会感到震惊。

对于家长们在群里发的感激、恭维之语，郭老师看得很清楚：都是虚的，老师们都知道那些并不是家长的真心话。

一些老师还表示，越是那些在群里活跃的家长，越是得提防的对象。在老师们看来，越是平时经常跟老师沟通的家长，只要出了事，他们就是最难缠的。

在小学任教的徐老师就有过这样的经历。一次，班里两个男孩子在学校打闹，一个孩子的胳膊上被划了个口子。徐老师随即跟两个孩子的家长联系，沟通之后两位家长都表示孩子之间打闹磕碰是难免的，能够理解和谅解。就在徐老师感叹两位家长通情达理时，受伤孩子的家长突然改变了态度。

这位家长就是家长群中的活跃分子，他把这件事跟群里几个家长说了，便有人给他出主意。第二天，这位家长开始不停地找徐老师、找校长，非要另一个孩子给自家孩子公开道歉，把徐老师弄得疲惫不堪。

有着20年工作经验的郭老师这样总结：家长中肯定有很好打交道的，但是整体来说，家长们脾气各异，谁也不知道今天看起来彬彬有礼的人，明天会不会因为什么事情翻脸，所以还是能少打交道就少打交道。

微信群就是一个小社会，家长、老师在微信群中有爱有恨、有喜有悲的关系，就是现实生活的真实反映。

一位老师说，现实生活中家长给班里购置公共用品或私下塞给老师购物卡，都是为了让老师能够对自家孩子好一些，这意味着家长们打心眼儿里不相信老师能公正地对待每个孩子；而老师对家长相敬如宾、小心提防，也是为了能与家长保持“敬而远之”的距离，这意味着在老师心目中也担心家长是无法沟通的人。

老师和家长是教育孩子最主要的两股力量，当他们之间互不信任时，怎么可能形成教育的合力?!

有人建议，现在绝大部分学校都已经具备比较完备的网络平台，学校完全可以把这个平台向家长开放，家长对学校对老师有意见和建议时，可以及时发布到平台上；同时学校也可以及时向家长公布各种信息，教师也可以对学校和班级的一些举措进行及时解释。不过，一位校长告诉我，这样做技术上没有问题，关键是有没有必要，因为完全开放的平台很有可能成为家长负面情绪的宣泄口。

说到底还是彼此不信任，"打开心扉"的机会还不成熟。

家校矛盾的背后

其实，家长和老师之间的较量一直存在，只是这之间的争斗常常"发乎情止乎礼"，公开"翻脸"的时候并不多。但是，每隔一段时间总会有一些矛盾升级，引起更多人关注，甚至引发一场社会大讨论。有的时候讨论的主调更偏向家长，就会有家长慨叹"终于有人说了自己想说而不敢说的话"，然后大倒"苦水"，甚至逐渐演变为一场对老师的声讨。有些时候讨论的主调更偏向老师，就会有老师晒出自己"披星戴月"的作息表，还会有人列举出自己某天某个小时内同时处理的十几件大小事儿，以此证明自己的"委屈"……

有人提出：禁止建立家长微信群。

问题的关键并不在家长微信群。没有家长微信群这一工具的时候，家长和老师之间并非没有矛盾，只是因为有时间和空间的间隔让一些矛盾消散了，同时也让一些矛盾隐藏起来。而有了依托高科技的家长微信群后，这些矛盾则更快速地凸显出来。

还有一个事实我们不能忽视。现在的中小学生家长以“80后”为主体，作为中国第一代独生子女，他们之中的大部分没有了“70后”“60后”或者更前一代家长身上的隐忍，个性更加鲜明，同时他们在职场上所承受的压力也远远超过前辈，很多人过着“996+白加黑”的生活。有时候机缘巧合，来自家长群的压力会成为致使他们情绪崩溃的“最后一根稻草”。

在采访中，一位来自广州的小学二年级学生家长林丽说：“我每天最怕的就是收到家长群里的消息。”老师每天都会在家长群里总结学生的情况，上午总结孩子前一天完成作业的情况，下午总结孩子一天在学校的表现，做得不好的学生会被老师在家长群里“提醒”。老师不会点出孩子的名字，但是会写出孩子的学号，家长们私下里把这叫作“挂号”。没有哪个家长希望自己的孩子被批评，哪怕被批评的仅是学号。就像林丽所说，一旦被“挂号”，自己就会乱了心绪，但是如果哪一天家长群里一点儿动静都没有，心里会更加慌乱，不知道孩子在学校情况如何。

要解决这个家校矛盾的问题，就要厘清家长、老师的职责，让老师做老师该做的事，家长做家长该做的事。这涉及到了教育管理体制、学校办学制度、教育评价体系等一系列根本性的问题。

不少专家认为，产生矛盾的最根本的原因，也出在“唯分数”的教育评价上。

应该说，教育从来都不只是学知识这么简单。2018年全国教育大会以来，德智体美劳“五育并举”的教育理念也一再被强调。从这个层面看，智育仅是“五育”中的一项，因此仅仅凭考试分数来对学生进行评价是非常不全面的。

但是当前，毕竟分数考核还是硬指标，而其他四项是软指标，所以“唯分数”的观念在我们的教育中依然存在着很大市场，“以分数论英雄”依然是主流。在这种情况下，一些本不是负担的事情变成了负担，本不该产生矛盾的地方产生了矛盾。

比如一些本来对孩子成长有益的志愿者服务或社会实践，因为对提高学科成绩没什么帮助而失去了“价值”；本该由学生填答的知识问答，老师默认了由家长填答；本该由学生参与的志愿服务，变成了由家长代劳晒照片、打卡……

如果教育评价体系不改，那么教师和家长之间就有一颗定时炸弹，矛盾总是存在的，只不知何时爆发罢了。

有人说，压垮成年人只需一个家长微信群。不过，别忘了这个成年人群体的矛盾最终伤害的是孩子——能压垮成年人的压力和焦虑，何尝不会压垮孩子？

寻找出路才是正路。

2021年教育部、中央组织部、中央编办、国家发展改革委、财政部、人力资源社会保障部等6个部门联合印发了义务教育《评价指南》。在新闻发布会上，教育部相关负责人说了这样一段话:“长期以来，一些地方学校包括一些家长确实存在着唯分数、唯升学的不良倾向，比如炒作中高考状元和升学率等。为了扭转唯分数、唯升学，就是要破‘五唯’。要想‘破’，就要立标准：在县域义务教育质量评价体系当中，提出了不给学校下达升学指标，不单纯以升学率评价学校、校长和教师，不得举办重点学校；在学校办学质量评价当中，明确提出了要严控考试的次数，不公布考试成绩和排名。”

据了解,《评价指南》实现了三个转换:“从无到有”，从零散走向系统化，从“软”走向“硬”。

在学生的发展质量评价当中,《评价指南》首先提出从“德智体美劳”5个方面来进行全面综合的评价。其次，即使是在学生的学业发展评价当中，也不局限于学业水平，而是更加突出学生的学习习惯、创新精神，为学生综合素质和终身发展奠基。同时，也改变过去单纯的结果评价方式，更多注重增值性评价，综合考查学生“德智体美劳”整体水平和变化的情况。

政策已经出台，如何实施以及实施得如何，我们拭目以待。

第六章　伤痕累累的孩子

最近阅读偶然看到这样一段话——

“我在很长一段时间里无法在生活中进行自我肯定。原因很简单：如果我要展现自己，那就必然要面对他人的反应，而我又害怕对方的反应是负面的，所以我选择沉默……”

这段话非常适合用来形容今天学校里的孩子。在学校、老师、家长、培训机构组成的“内卷”圈中，他们属于弱势群体。在跟一个又一个“别人家的孩子”“牛娃”比较的过程中，他们失去了自由支配的时间，失去了户外疯跑的自在，失去了自己的爱好，失去了自信。更可怕的是，他们中的不少人在这个过程中也失去了对学习的兴趣……

怎么动不动就抑郁?

工作的关系，我接触过很多中小学生和他们的故事。一些事情慢慢淡忘了，但是有一个采访的小细节，让我记了很久。

当时我正在做一个跟青春期相关的选题，采访对象是刘子峰，一个初中生。

一天，刘子峰的小学同学群里突然出现了一张截图，是一名同学发在朋友圈的医院诊断报告，诊断结果是中度抑郁。

这份医院诊断报告发出后，群里寂静无声，没人安慰，也没人讨论。

我问刘子峰对这件事的看法，他这样回答我："我每天都在笑，你猜我开不开心？"刘子峰的回答让我一愣，我没想到他会用这样的方式、这样的语气、这样的话语回答我的问题。看到我的反应，刘子峰马上说："逗你的，你知不知道'网抑云'这个梗？我们都是会员。"

上网查了一下，知道了刘子峰所说的那个"梗"，是指某个音乐App的评论区中抑郁情绪的发言比较多，很多人认为这些发言多是无病呻吟，故意卖惨。

"少年不识愁滋味，为赋新词强说愁。"十几岁的孩子哪里知道生活的艰辛和愁苦?!

虽然刘子峰用"逗你的""这是个'梗'"来试图尽快翻过这一页，但是他回答我时，第一时间流露出来的那种落寞中混杂着这个年纪不该有的成熟神情，深深地留在了我的脑海中，让我的心狠狠地疼了一下。

其实，我在采访中真的遇到过学生悲观、抑郁的很极端的案例。

小昕是孩子的网名。他的悲剧背后既有教育制度的不合理，也有家庭教育中的问题。我把这个极端的例子写出来是为了警醒：教育不能偏离初心跑得太远，所有偏离，最终受伤的都是孩子。

我是2011年接触他的故事的。

当时小昕是东北某省重点中学高三的学生。2010年年底他开始备战“艺考”。

“艺考”的过程虽然很紧张但还算顺利。可就在他参加完某传媒大学的“三试”回到学校后，三天后便从楼上跳下去，结束了自己年轻的生命。

小昕的离开，让他妈妈忍受着“尖刀剜心”般的痛苦。同时在一个个无法入眠的黑夜中，另一种更加无边的痛苦也在纠缠着她，她一遍一遍地问自己：“这些年我做错了什么？”

小昕从小就是一个聪明又贪玩的孩子，小学三年级时跳了一级，跳级以后“仍然保持学习成绩中上等”。“小升初”时，小昕考上了省会城市一所著名大学的附中，报考那个学校的竞争非常激烈，100个孩子中只能录取一个。这样的成绩足以说明小昕拥有的实力。

整个初中阶段小昕的成绩也一直不错。但是中考时遭遇了挫折：中考发挥不理想，小昕没能考上本校的高中，不得不回到了出生地。

小昕的不顺利大概从这个时候就开始了。

首先在选择文理科上，小昕与父母产生了很大的分歧。小昕从小就喜欢阅读，刚上小学时，他就已经能独立阅读，并能讲故事给其他同学听了。文理分科时，酷爱阅读的小昕当然希望选择文科，但是，父母却从更长远的发展角度考虑，让他选了理科。除此之外，他们还托人，把小昕插进了学校同一年级20个平行班中仅有的一个“快班”。

当时学校每个月都要进行月考，每次月考后都要进行排榜，只有考试成绩排在年级前60名的学生才能留在快班，后面的学生就要降到普通班。

巨大的学习压力，加上靠后的排名，让刚上高中的小昕非常郁闷，他总是说烦，不开心。好在小昕后来又回到普通班，名次提高了，情绪也慢慢好了起来。

进入高三以后，小昕坚定地要参加“艺考”，似乎把这个机会当作回归文科的最后一搏。自从开始备战“艺考”，小昕就像上满了发条，一直处在极度兴奋的状态中。从正式考试到结束某传媒大学的三试，十几天里，小昕几乎很少睡觉。

小昕出事后，小昕妈妈一直都在深深地自责，责怪自己没有早点儿发现孩子的这种极度亢奋可能已经不太正常，忽略了极度亢奋的孩子已经极度疲惫，责怪“艺考”结束后儿子想休息一天自己却把他轰去了学校，责怪自己没能意识到孩子是在走独木桥，责怪自己从小培养孩子的阅读兴趣到了高中又扼杀他的兴趣，责怪儿子上高中后自己就很少跟他聊天，责怪自己对孩子一直期望太高、要求儿子“一定要出类拔萃”……

小昕的故事或许极端，但是父母过高的期望和干预，的确是造成孩子抑郁的重要原因。

孩子不是“标准件”，不能按模子生产

把小昕的故事展现出来并不是为了博取眼球，更多的是要让大家在痛心之余思考如何防止类似的事情再发生。

哪个父母对孩子没有期望呢？哪个父母不希望自己的孩子更好呢？问题并不出在期望，而是父母的期望跟自己孩子的自身条件、理想意愿不相符，还有沟通不畅。

小昕妈妈回忆：“其实，孩子上了高中以后，我对他就不太了解了。”

小昕初中考到省会市区后，妈妈的工作也调动过来。高中之后，小昕又回到了出生地，但是小昕妈妈没能再调回。这样，小昕妈妈不得不每天早出晚归。为了保存体力，她通常晚上9点之前就会睡觉。而高考重压下的小昕，每天也过着极为紧张封闭的生活，每天早上6点多钟就要从家里出发，而晚上到家，妈妈通常都已经睡觉了。

恰恰在这段时间，小昕屡次经历失败：中考的失利，文理分科不能如愿，让人窒息的月考，考试名次靠后的沮丧……

所有这些挫折对于一个一直顺风顺水的孩子来说都是巨大的，再加上跳过级的小昕又比同班同学小一到两岁，也让他在同学中缺少真正的朋友。而这时候，本应该承担起心理疏导责任的父母却连最起码的沟通都做不到了。

缺少心理疏导的小昕，用大量的阅读来陪伴自己。小昕妈妈

却觉得这种大量的阅读会影响学习，所以，每过一小段时间就没收一次小昕的书。没收了之后，小昕还会再买。

后来，小昕妈妈也觉得这是自己的一大失误，只知道没收图书给他腾出更多的时间学习，却没有坐下来跟孩子聊聊，没有用心去体会孩子的内心，没有走进孩子的心灵。

世上没有哪个父母能做到不犯错误，也没有哪个父母能为孩子抵挡住所有的挫折和困难。在这种情况下家长更应该做的，是尽可能地贴近孩子的心灵，与他们建立良好的关系，在恰当的时候给他们足够的支持和尊重。孩子对家长的信任，会使得他们在遇到困难和挫折时，能够向家长敞开心扉，这样家长就能在关键的时刻给他们及时的引导。

也没有哪个孩子的内心是真的不愿意跟自己的父母沟通的，关上这扇门的往往是父母。小昕的父母也知道儿子更喜爱文科，却在明明知道孩子心愿的情况下，依然以“这条路更顺”“别人的经验证明这条路更好”等原因，一次次地违背孩子的心愿，让孩子顺从他们的安排。这样的事情累积在一起，沟通之门也慢慢关上了。

家长会犯错，孩子会受挫，这些都不可怕，可怕的是没有了补救的机会。

“好孩子”更容易把压力内化

采访中我渐渐发现，不只是小昕，越是那些让人放心的、听话的孩子身上，越容易发生令人痛心的故事。

现实生活里，听话的孩子在成长过程中获得的肯定相对较多，他们对父母长辈的安排往往也表现得更顺从。但是，往往这样的孩子更容易出现问题。而且由于他们一贯表现出来的乖巧，他们的崩溃也让人更加猝不及防。

我们一直以来都在忽视一个现象：孩子承受的压力有些是来自外部的，但更大的压力往往是孩子把来自外部的压力内化了。

有个母亲曾经写过一篇自述，清楚地记录了一个15岁的女孩是如何自我施压的——

每周总有一两天作业写到夜里1点，每周总有一两个下午要通过一杯咖啡来提神……我的女儿今年刚上高一，虽然在她初三的“尾巴”赶上了“双减”，但是我却痛苦地发现，这个在争当“牛娃”的鞭策中长大、在培训班的包围中上了9年学的孩子，已经自我施压成瘾了。

女儿自我施压成瘾的症状之一，表现为对深夜班级微信群的爱恨交织。

上了高中，随着所学知识的难度大幅提高，女儿晚上写作业的时间也在延长，几乎每天都要熬到深夜12点。

通过一段时间的观察我发现，班级群是她每天写作业时最常光顾的，时间越晚，她打开班级微信群的频率就会越高。

怕她养成做事拖沓不讲效率的习惯，我提醒她少看手机，不想她说：“同学们都在群里讨论作业，班里的几个学霸也在，其实他们在学校已经把作业写得差不多了，晚上的时间应该不是在弄作业。我得看看他们都在学什么，通过他们给同学讲题或者聊天就能分析出来。”

听她这么说，我还觉得挺欣慰：哪个当家长的不希望自己的孩子“不用扬鞭自奋蹄”?!

但是，时间久了我发现，女儿即使晚上10点就完成了作业，也要熬到深夜。“怎么还有人在同学群里说话？他们还在学习？我是不是有什么作业忘记写了?”女儿显得有些担忧。

每到这个时候，同学微信群就成了女儿痛苦的源泉，她会对自己“已经完成作业”这件事产生怀疑，甚至对早睡觉产生罪恶感。但是，越是痛苦她越要看，直到大多数人都不在同学微信群里发声了，她才会把自己放倒在床上。

如果某一天作业写到很晚，女儿也会在写完作业那个瞬间发个微信朋友圈，然后，早晨她会顶着黑眼圈第一时间去看留言：“哈哈哈，×××评论我是‘熬夜大佬’!”

女儿自我施压成瘾的症状之二，表现为不会取舍。

女儿进入高中不足两个月，就已经在5个社团报了名，被其中两个录取了。报名的时候，她考虑的不是自己是否感兴趣、时间是否充足、能力是否胜任等，而是只要别人报了她就想报。再加上选修课、第二外语、竞赛班，她几乎每天回家时间都比较晚，这就导致她晚上写作业的时间更短了。

是什么让女儿对给自己施压乐此不疲呢?

应该说，女儿上学的这些年，正好赶上了课外培训最鼎盛，或者说最疯狂的时期。

女儿小学五年级时，有一次班里组织活动需要同学们放学后布置教室。老师让有课外班的同学先走，结果最后留下的同学不足5名，女儿也在其中。

人是群居动物，当身边的人都在做一件事的时候，你如果不做是会恐慌的。女儿在数学学习上一直没有天赋，但是那次之后她强烈地要求学习“奥数”，甚至也报名了某个著名的竞赛。那时候对她来说，“别人都学奥数就我没学”的痛苦，远远大于“可能学不会”的痛苦。

这种比较几乎成了女儿这一代人身上的显著特征——他们几乎每一个人都成长在“别人家的孩子”的阴影下。“别人家的孩子”既是努力的方向，也是压力的来源。

慢慢地，“比较”，成了他们自觉的行为。

为了不比别人慢，他们会在需要选择的时候争先恐后。

印象最深的是上个月，学校选修课报名那天。

学校提供了几十门选修课，按理说应该足够孩子们选择。结果，选课开始时间还没到，女儿就已经非常着急了，家里打开了两台电脑，并把手机、平板电脑也准备好了，选课时间一到，女儿便指挥着家里的每个人一起开抢。

“有必要这么抢吗?”我问。

“不抢，大家都想选的课就没有了。”女儿说。

“选不上，以后还可以再选呀，总得选自己喜欢的呀!”我说。

就在这对话间，热门课程已经一抢而空。

其实，学校的通知已非常明确地告知，一个星期之后，学校的选课平台还会再打开一次。但是，孩子们等不到下一周，已经习惯了“争先恐后”的孩子不会等待了。

当然，这种争先、拼抢，不仅仅出现在孩子身上，学校之间也在争先、拼抢。

女儿所在的学校是一所示范高中，每年总有几十个学生从这里迈进北大、清华的大门。

学校的学习氛围非常浓厚。进入高一，女儿班里就有不少学生报名了物理、数学、化学、生物等竞赛班。女儿也报了一门，不想第一次上完课回到家，眼圈就红了。原来，竞赛班直接上的是大学课程，女儿根本听不懂，而那些能听懂的同学，已经在升入高一前自学完了所有的高中课程。

这太超乎我的想象了！我建议女儿退出竞赛班，但是，事情又回到了曾经的逻辑里，“别人都有竞赛班就我没有”与“可能学不会”，二者对女儿来说都是痛苦的。结果，她还是希望自己能再试一试。

顶着如此大的压力，有几个人能够不崩溃？

不久前的一个周末，因为刚考完试，所以好几科都没有留家庭作业，女儿迎来了两天难得的闲暇时光。

周六一早我向女儿提议出去爬山，放松一下。但是，女儿犹豫了一会儿没有同意，并回了自己的房里。

以前，一有空闲女儿就会画画漫画、看看小说，这次我便没有去打扰她。

但是，一个多小时后，女儿突然从房间里跑了出来，一脸焦虑地说："我要不还是去学校图书馆吧，我们班有几个同学每个周末都去图书馆学习。"

我有些发蒙，便来到她的房间。书桌上没有图画，而是摊着散落的各科卷子、练习册，地板上还有翻乱了的地理、物理、历史、化学课本。

看着如此凌乱的场面，我知道过去的那一个小时里她的内心是纠结和慌乱的，甚至是崩溃的。她想休息，但是内心又不允许；她想学习，但是又渴望放松……

国家已经出台了减轻学生负担的政策，女儿现在的状况就是经过9年高压力、高负担之后的样子。虽然在过去的9年里，女儿的周末假期并没有被排满课外班，也并没有因被"鸡"而成为"牛娃"，但是充斥在她周围的压力和焦虑依然存在，身在其中的她和我早已经被同化，我们甚至都不自知。

几天前，学校发布了测验结果，女儿的成绩并不理想，我第一时间跟班主任取得了联系，经过几番沟通，老师说要找女儿谈谈。

昨天放学回家，女儿问："妈妈，你是不是找老师了？"

我惊觉。原来我自己，也是那个让她自我施压的因素之一。

被内化的压力，是一个无法看清的心灵黑洞

专家指出，一个人的习惯形成要经历三个阶段：第一个是被动阶段，这时人们的行为更多地表现为遵从，遵从外在的要求和

压力；第二个是主动阶段，这时人的行为更多地表现为认同，认同来自外部的要求和压力；第三个是自动阶段，这时人已经把来自外部的要求和压力完全内化了，行为的动力来自自己。

而到了自动阶段，孩子就会把承受这些压力当成理所当然的事情，当成自己必须的、应该做好的事情。

这个力量是巨大的。

在我们的教育传统中，听话的孩子一向是“好孩子”的代名词，这些孩子总是因为听话而在学校和家中获得表扬奖励，渐渐地“听话”成了他们的习惯。

越是听话的孩子越倾向于满足大人的期望。

于是，从小到大，这些“好孩子”默默地、毫无选择地内化着周围强大的要求和压力，而大人们往往对此浑然不觉，甚至连孩子自己也以为这些都是自己“内心所想”，于是大人和孩子也就都无从感受这种内化的压力到底有多大。

殊不知，这种压力成了一个心灵的黑洞，正在给孩子造成致命的伤害。而当孩子的压力内化到一定程度的时候，寻找解脱则是必然的选择。

有时，悲剧就这样发生了。

“好孩子”更容易把外部的压力内化。当他们做得不够好时，或者遇到挫折时，他们会把所有的责任归结到自己身上，不原谅自己，对自己更加不宽容。

这就是专家们所说的“童年恐慌”啊！——儿童由于面临巨大的压力，不能理解、不能承受，而产生的一种焦虑。

现在，这种恐慌正在越来越严重地在未成年的孩子中弥漫着。这么巨大的恐慌和压力被孩子内化了，这是一件多么痛苦的事！

另外，我们的孩子在成长过程中还要经历一个“兵荒马乱”的青春期。一颗种子破土而出需要多大的力量，孩子要走向成熟也要经历这样的蜕变。这么巨大的能量会使他们情绪不稳定，青春期的他们容易偏执，容易走极端。

有时候家长和老师也觉得委屈，觉得自己并没有给孩子那么大压力。一位家长看了小昕的故事说：“难道家长不该对孩子提要求吗？难道家长不能对孩子有期待吗？”

确实，现实生活中父母、学校和老师在对孩子进行教育的时候，似乎并没有直接把压力抛给孩子，但是我们这些成年人却在有意无意地、有选择地给孩子传递信息：我们日常言谈中常常会把那些考上大学的哥哥姐姐的故事讲给孩子听，把考上名校的孩子当作羡慕的对象。

成年人在用自己的选择告诉孩子：考上大学是成功的，找个体面的工作是成功的，能挣钱是成功的。我们却没有告诉孩子，“如果没考上大学，仍然能有幸福的人生”。

我们还常常吓唬孩子：如果不好好学习，父母可能要花更多的钱为你去择校，父母就要付出更多辛苦。我们却没有告诉孩子，这些辛苦其实都是爸爸、妈妈能够承受的。

我们常常告诉孩子，如果不好好学习就会辜负了老师和父母，却没有告诉他们努力的过程更重要，只要努力了就一定有收获，这样的人生就应该是快乐的幸福的……

这一切都因为，我们的教育目标是把孩子教育成一个“成功人士”，而不是让孩子拥有普通人的幸福人生。

为了所谓的“鸡娃”，成年人们会不知不觉中在孩子面前铺开了一条没有退路的道路。

相信很多父母都没有想到，孩子越顺从，牺牲的自我就越多。但是成长中人的自我意识是一定会觉醒的，所以积攒到一定程度的爆发，往往更让人不知所措。

教育不能过于“KPI化”

这些年，基础教育出现了一种过于“KPI化”的倾向。KPI，本是企业绩效管理的指标，其最大特点是能够量化，能够考核。这与教育的确有某种重合，可以适当引用。但如果孩子的成长完全被成绩量化，学校的教育质量完全被中考、高考的成绩量化，校外培训机构的成绩完全被孩子的续班率量化，家长的合格与否完全被孩子的考试成绩量化，那么以育人为宗旨的学校，又与生产各类产品的企业何异？

那将是被异化了的教育。

两年前，在一个教育论坛上，我听到北京大学教育学院一位副教授分析了这种异化的演变。

这位教授从学生的学习行为入手，进行了详细的分析。她指出，学生的学习可以从空间和时间两个维度进行划分：从空间上看，可分为校内和校外；从时间上，根据学生意愿的自主性，可以分为“自由学习时间”和“非自由学习时间”。学生在校内的时间中，凡是进行必修课程的学习，就属于规范性学习，也就是“非自由时间”。而在学校内的闲暇活动，就属于自由时间。回到家，完成家庭作业是“非自由时间”，玩耍就是“自由时间”。

教授用“自由学习时间”“非自由学习时间”和“校内”“校外”组建出了四个象限。以前，四个象限大致是均衡的，现在，探究性学习，再加上各有特色的校本课程，很多作业是孩子无法独立完成的。不少家长在孩子写完作业睡觉后，还要帮孩子上网查资料，完成孩子的研究性作业。

如此一来，家庭和学校之间的界限变得不清晰了。

另外，学和玩之间的界限也不清晰了。以前，孩子踢球、游泳、吹笛子全凭个人兴趣，至于兴趣是否长久，能不能玩出名堂，并不太重要，玩就行了。但是现在，孩子玩什么都能找到专业课程。

“家和校”“学和玩”之间，界限不再清晰。

如此一来，中国教育就出现了这样一种奇怪现象：“家长越位，老师让位，学生错位”，本该老师做的事却交给校外培训机构，本该孩子做的事却有不少要家长代劳，本该家长做的陪伴、生活，却交给了手机、游戏、外卖、培训机构……

在这样混乱的状态中，孩子最终可能会迷失方向。

学生是活生生的人，并非流水线上的产品。学校也并非企业，不能完全按照企业的方式管理。

确实，在教育中最重要的是职责清晰、分工明确、各自守好自己的站位，要把老师该管的事情留在学校，家长的责任留在家里。无论家庭与学校，最重要的是充分尊重孩子，不仅要尊重他们学习的权利，更要尊重他们自由玩耍的权利。

现在，随着“双减”政策的出台，首先要厘清的就是学校和培训机构之间的关系，不要再让由资本控制的校外培训机构干扰学校的正常教学秩序；学校也应提高教育质量，守好教育的主阵地和主战场。

从2022年1月1日起，《中华人民共和国家庭教育促进法》正式实施，这意味着“家长是孩子的第一任老师”已不再是说说而已，而是写入了法律：“父母或者其他监护人应当树立家庭是第一个课堂、家长是第一任老师的责任意识，承担对未成年人实施家庭教育的主体责任。”

由此，家长管娃这件“家事”，将成为法律框架下的“国事”。家庭教育的质量，在孩子成长中的重要性也越来越明显，家长必须承担起应负的责任，而不能像某些家长那样，仅当“甩手掌柜”。

应该说，教育生态的重构，依托的不仅是改变学校、教师、家长、学生等教育要素的观念，而且是要改变全社会的成功成才观念。正如很多专家所说的那样：孩子的成才不能只有一条路，只有全社会的各种门路都打开，让学生在各条道路上都能成才，这样才能为教育营造出良好的环境，真正使我们的教育回归本真，而不能全盘照搬管理企业的KPI。

下　篇

不“卷”的人生怎么赢

那么，孩子怎样才能赢得人生？

真正的赢家靠的是视野、智慧，靠的是规划和准备。

可喜的是，近10年以来，我国教育制度正在发生着翻天覆地的变化。2014年9月，国务院颁布了《国务院关于深化考试招生制度改革的实施意见》，将我国的教育改革推入了深水区。

很多学校也在进行着大刀阔斧的改变。不少学校在教好学生书本知识的同时，也在努力拓展孩子的成长空间，试图让更多孩子在校园内找到自己的兴趣和爱好，并播下热爱的种子。

同时，越来越多的家长已经意识到：孩子的人生得由他自己走出精彩；父母的人生无论有多少遗憾都无法在下一代身上实现，无论有多精彩多辉煌，也无法复制到下一代身上。更有越来越多的家长意识到，我们正处在一个崭新的时代，一个科学技术日新月异的新时代，科学技术的发展正在迅速改变着现有行业、职业的界限与分隔，曾经的热门行业也许会瞬间凋敝，意想不到的新行业又会猝不及防地出现在眼前。我们及我们的下一代，只有掌握终身学习的意愿和能力，才能够从容应对，才能够在属于自己的时代立于不败之地，获得人生的成功、自由和快乐。

第一章　高考改革倒逼出的职业生涯规划

应该说，自恢复高考以来，我国的教育改革就一直没有间断过，不过很多改革措施的效果并不理想。有专家、学者指出，造成这种现象的原因跟我国的教育评价制度有关，也就是说，改了“怎么教”“怎么学”，不改“怎么考”是不行的。在我国，考试仍是“指挥棒”，考试怎么考，直接决定着老师怎么教和学生怎么学。

如今，我国的教育面临着一场革命式的改革，改革正从考试入手，“牵一发而动全身”。

一群到报社体验的高中生

2021年的一个春日，我所在的报社迎来了80多名北京某中学高二年级的学生和老师。这些学生带着自己的职业生涯体验任务来到了报社。除了了解报社历史之外，他们还体验了一家主流媒体在全媒体时代背景下的改革创新。同时，他们还跟报社的优秀青年记者进行了座谈。这些高中生面临着选科、选课及未来大学专业的选择，这次活动为他们创造了一次职业生涯探索的机会，他们不仅初步了解了未来可能会从事的职业，同时也开启了职业生涯的自主规划。

高考改革让职业生涯规划提前

2022年6月底，河南、山西、内蒙古、四川、云南、陕西、青海、宁夏等省份，同一天公布了高考改革方案。这些省份从2022年秋季入学的高中一年级学生开始启动实施高考综合改革，从2025年起，普通高考将实行“3+1+2”模式。截至2022年，历时8年、5批次，我国已经有29个省份迈入了高考综合改革行列。这意味着以分类考试、综合评价、多元录取为主要方向的新高考体系基本形成。

新高考模式最大的特点就是取消了文理分科，在注重“选拔性”的同时增加了“选择性”。从第三批改革开始，相关省份的改革基本都提出了“3+1+2”的选考模式:“3”为全国统考科目语文、数学、外语，所有学生必考;“1”为首选科目，考生须在高中学业水平考试的物理、历史科目中选择其中一个;“2”为再选科目，考生可在化学、生物、思想政治、地理4个科目中选择两科。这样的模式突出了物理、历史两个科目在高校自然科学和人文社会科学人才选拔培养中的基础作用，同时，还增加了学生的选择性，学生可以根据自己的特长和兴趣进行选择，可以文理兼修、文理兼考，使得文理不分科成为可能。

随着高考改革的深入，学生的高考也将从“标配”时代进入一定意义上的“自选”时代。

高考的变化是考试的变化，更是育人方式的变化。2019年，国务院办公厅出台了《关于新时代推进普通高中育人方式改革的指导意见》，明确提出：“各省（区、市）要结合推进高考综合改革，制订普通高中新课程实施方案，2022年前全面实施新课程、使用新教材。”同时，为适应普通高中新课程改革和高考综合改革，依据学科人才培养规律、高校招生的专业选考科目要求和学生的兴趣特长，要因地制宜、有序实施“走班选课”，以满足不同学生的发展需要。

曾几何时，很多高中生不是只有在高考填报志愿时，才“激发”出对未来的职业规划，但因缺少对现实社会的了解，不少考生在志愿填报时“全靠蒙”，甚至有的说，哪个专业名字好听就选哪个。

这种对未来“懵懵懂懂”的日子将成历史。

高考综合改革正在“逼”着学生们从高中入学起，就对未来的学科兴趣和职业发展进行选择和谋划。被“逼”着进行改革的还有学校——它们要担负起对高中生进行职业生涯规划的教育职责。

用“扬长避短”取代“木桶理论”

政策文本通常是枯燥的，但如果学生和家长仔细研读的话，就能从中找出令人振奋的信息。

在教育界一直有一个“木桶理论”。

所谓“木桶理论”又叫“短板效应”，讲的是一只水桶能装多少水，取决于它最短的那块木板。想想也是，一只木桶要想盛满水，必须每块木板都一样平齐且无破损，如果这只桶的木板中有一块较短，或者某块木板下面有破洞，这只桶就无法盛满水。也就是说，一只木桶能盛多少水，并不取决于最长的那块木板，而是取决于最短的那块。

这个理论在教育界一直盛行，最直接的效果就是不停地寻找学生的缺点，然后试图通过教育来把孩子的短板补齐。

看看原来的学生怎么学习：奋斗12年，然后在高考的那两三天拼语、数、外，再加上“文综”和“理综”。假如一个学生有明显的短板，那么他通过纯粹的高考总分数进入顶尖高校的可能性几乎没有了。

现在，改变这种状况的政策来了！

学生可以通过扬长避短来选择自己最喜欢、最擅长的科目参加高考，尽情展示自己的才华，进入自己最中意的专业去学习。

一般来说，学生进入到高中时，就已经对自己在学习上的优长劣短有了比较明确的认识，也逐渐知道自己适合学什么：擅长逻辑思维的可能更适合数学、物理等基础理论专业的学习，动手能力强的可能更适合工科专业，而形象思维强的可能更适合文学艺术等专业领域。学生还要弄清楚自己真正感兴趣的是什么，适合的和想学的有时并不统一，所以，孩子要在充分了解自己的天赋、能力、个性特点基础上还要真正了解自己的内心，找到“适合的”和“喜欢的”的结合点。

有了这些明确的认识之后，学生就要合理规划自己高中三年所要学习的十几门课程，把那些“适合的”+“喜欢的”的专业所需的课程，选定计入自己高考成绩的科目，在日常学习中就要在这些科目学习的难度、深度、广度等方面投入更多时间和精力。

在这种情况下，学生无须再“费尽心思”地“取长补短”，而是可以专心致志地“扬长避短”了。这意味着学生的学习重心不再是如何补救自己的薄弱学科，而是如何充分地发挥自己的兴趣和特长学科。

这样的学习与科学的职业生涯规划，方向就完全一致了。

选课，让学生一步步走近未来职业

当高考从“标配”时代进入“自选”时代后，“走班制”学习方式就能实施了。“走班”，意味着每个孩子的学习过程也是一步步走近职业生涯的过程，如果一个中学生不进行职业生涯规划，那么他可能都没办法选课。

我曾经采访过一位实施“走班制”学校的老师。这位老师介绍，改革前的学习方式大家是熟悉的：固定的班级、固定的学生、固定的班主任、固定的任课老师，这种情况下，老师对班里的学生是心里有谱的，有什么问题时可以非常方便地找到学生。

实施“走班制”后，没有了班级、没有了班主任，固定下来的是学科教室，老师跟学科教室是不变的，只是来上课的学生不再相同，在同一个班上课的学生，他们的兴趣水平会大致相当。

所以，到了这个时候，学生自己的管理能力就非常重要了：选什么课、选什么程度的课、是否进行调整、什么时候找老师帮助等等，所有的事情都需要自己管理。这种自我管理首先来自于对自己未来的规划，如果没有这个规划，那么就会像无头苍蝇一样到处乱撞，因盲目而感到痛苦。

这位老师介绍，曾经有一个学生在高一第一个学期结束的时候准备从理科转为文科。一般来说，这样的转变还是需要一段调整和适应的。但是，这个学生特别喜欢阅读，而且阅读量非常大，他看中了学校设立的一个针对文科的自学社团，这个社团集中了那些文科方面有特殊爱好和需求的学生。这些学生可能由于对文科的兴趣极大，对文学、社科方面知识的掌握程度已经远远超过了一般学生，他们甚至可以通过自学，在自己的兴趣上进行更深层次的研究。

通过比较和思考，这名学生重新做出了选择。

之后，每次在别人选择他已熟知的相关课程时，他就在自学的专用教室里进行大量的自由阅读，然后进行自主写作，很快创作出了作品。

改革的成效往往要在一段时间之后才能显现出来，而且它的效果跟实施者本身对教育对改革的理解有很大关系。但是，从当前的改革措施我们已经可以看出，教育正在向关注学生一生成长这个方向改变。所以，每个家长在孩子成长过程中要有职业生涯规划和人生规划的意识，每一个阶段的学习都为孩子的一生做准备，只有这样才能更好地利用教育资源，为孩子的一生打下扎实的认知基础。

改革对于学校和老师来说也面临着极大的挑战。过去，学校和老师更多地承担着教授知识的任务，而改革之后，学校和老师还要承担起指导学生如何选择考试科目的任务。这个选择其实不仅仅要考虑学生的兴趣和优势，更重要的是，要站在对学生进行职业规划和人生规划的角度来指导。

“一俊遮百丑”的时代将一去不复返

对于已经实施多年的学生综合素质评价政策，教育部也做出了新的规范，并首次提出综合素质评价将成为高校选拔人才的参考，使选拔人才的学校不仅关注冷冰冰的分数，同时也要关注活生生的人。

其实，综合素质评价并不是什么新鲜事，已经在很多地方实施多年，但由于在升学中没有太大的影响力，因此没有发挥应有的引导作用。这轮高考改革首次明确把综合素质评价纳入高校招生录取体系，成为高考录取的一项参考指标。据了解，综合素质评价的主要内容为：学生的思想品德、学业水平、身心健康、艺术素养、社会实践等。要求记录必须真实，并进行公示。

“这项政策的导向作用是非常明显的。”上海市一位中学校长说，它一方面引导着中学在培养学生时更加注重学生的个性，另一方面，也引导着高校更加明确人才培养的标准。

多年来，由于高校选拔人才的方式比较单一，是用统一的分数线来评价人才，只要学习好，便可“一俊遮百丑”，这使得高校在选才时更像是进行简单的数学运算，而不是面对活生生的人。改革则希望达到这样的目的：高校多元选择，中学教育也朝着更多元的方向发展，不能仅以学习成绩论英雄。

对于家长来说，可以从孩子很小时候起就注重品格教育与身心健康，还要注意观察他们的能力特点和兴趣所在，并加以培养，将孩子培养成品学兼优的活生生的人。

当前的职业生涯教育还显稚嫩

不过，被高考改革催生出来的职业生涯规划，依然是个新生事物。我在采访中了解到，目前，虽然很多学校已经意识到了学生职业生涯规划的重要性，并已经开展了相关的教育，但是高中生的职业生涯规划教育还远没有达到理想状态，仍面临着多个困境亟待突破。

“我正好赶上了高考改革。”北京学生张灿说。

北京是第二批进入高考改革试点的省份，从2017年新入学的高一年级开始实施，张灿便是那一年升入高一的。

“我上高中之后，学校就有职业生涯规划方面的教育了。我们学校采用的是‘一对一’谈心的方式，我觉得在心理上起到了安抚的作用。”张灿说。

记者在采访中了解到，不少高中生认为，职业生涯规划教育确实有用。升入高一，新的学段、更难的知识，对孩子们来说本来就具有一定的挑战性，再加上“新高考”的因素，“大家都挺迷茫的，职业生涯教育让我们有了一种脚踏实地的感觉，让我们对未来的发展想得更清楚一些。一些小的心理问题也一同被疏导了。”张灿说。

“我觉得职业生涯教育应该更早进行。”江苏高三学生王欣然这样说。

跟王欣然有类似观点的学生并不少。

“我觉得职业生涯教育不能从高中才开始，从小就应该给孩子一个‘我未来想要做什么’的大方向指导。”与张灿一样也赶上北京“新高考”的李海赫说，而且李海赫觉得职业生涯教育不能仅仅针对学生，家长也应该接受这方面的教育。

与很多同学对未来的懵懂状态不同，李海赫很小就想当医生，因此上了高中之后他便想按照这个方向来选科。但是学校进行的职业生涯规测试显示，他的思维特点更适合搞理论研究。

老师劝完家长又劝他，李海赫也掂量了一阵子，依然不愿意放弃从小就立下的志向。为了能学医，他跟父母商量、争论了两年，才做出最后抉择。

不过，也有一些学生觉得，职业生涯规划教育对自己帮助不大。

广东学生林健翔说，学校的职业生涯教育没给自己留下太多印象。只记得当时这项教育安排在高三，学校组织全年级同学去大礼堂听讲座，“讲座的内容很理论、很笼统，再加上我们课业很紧张，所以没有几个人认真听。”林健翔说。他还说，要想对学生有实际的帮助，授课内容就应该更贴近学生的实际，不能在网上随便搜一些测试题或者文章就来讲课了。

“职业生涯教育中的不少内容，很容易变成讲成功学或者说大话，有些形式主义了。”张灿也这样说。

一些高中生们觉得当前的职业生涯课仍然不尽如人意，是有原因的。

我在采访中发现，高考综合改革首先在教育水平更高、教育资源更丰富的省份进行。即使在这些地方，学校开展职业生涯规划教育时，依然面临着不少现实的困难。

以北京某大学附属中学为例，职业生涯规划课在这所学校是一门很“正经”的课程——不仅被排入课表，还开发出了校本课程。学校从高一年级起就开设了“生涯教育”必修课，每周一节，一共上一个半学期；高二时，学校还组织学生走入社会、进入职场，进行职业体验。

这所学校的状况让很多学校羡慕。相对不少学校而言，这所学校的职业生涯规划课师资力量可谓“雄厚”——有三位教师任教，包括两名心理老师和一名兼职老师。

即便如此，学校的心理老师既要承担初中的心理健康课，又要承担高中的职业生涯规划课，同时还要负担学生日常的心理辅导、咨询等，人手明显不够。

对多数学校而言，职业生涯规划课师资缺乏，是一个普遍现象。

早在2010年颁布的《国家中长期教育改革和发展规划纲要（2010—2020年）》中就提到，要建立学生发展指导制度，加强对学生的理想、心理、学业等多方面指导。进入高考综合改革的省份也制订了本省学生发展指导意见，建立了学生发展指导中心，明确了指导机构。

而2019年国务院办公厅出台的《关于新时代推进普通高中育人方式改革的指导意见》再次明确，各地要制订学生发展指导意见，指导学校建立学生发展指导制度，加强指导教师培训。普通高中学校要明确指导机构，建立专职与兼职结合的指导教师队伍，通过学科教学渗透、开设指导课程、举办专题讲座、开展职业体验等对学生进行指导。

但是，理想很丰满，现实却很骨感。

“其他学科老师顶上”，是很多学校解决生涯教育课教师人手不足的办法之一。

不少专家指出，职业生涯规划指导的专业性很强，需要指导老师具有丰富的社会阅历，不是随便哪个老师就能承担的。

为了解决这个问题，很多学校开发了家长资源。从某种程度上说，这既可以弥补学校师资不足的困境，也弥补了授课教师社会阅历不丰富的缺憾。

不过，北京市某区一位高中老师介绍，家长资源最大的缺陷就是不稳定、不均衡。“比如，这届家长的职业分布比较丰富，能给学生们介绍的就会多些，下一届可能就没有了。而且有些家长的分享，只能面对自己孩子所在的班级。”这位老师说。

还有一些学校采用购买第三方服务的方式来解决这个问题。要购买服务，就必须要有资金支持。

“前两年学校还有专门的经费支持，我们请专业的职业生涯规划公司给学生们做专业量表测量，并组织学生到相应的单位进行实践活动。”一位高中校长说，“不过，这两年这项专门的经费没有了。”

尽管如此，这位校长表示，不管经费如何节省，在生涯规划方面也得有一定的支出。以专业量表测量为例，每个学生至少100元，学校只能尽可能“挤”出钱来，但还是不得不砍掉一些测量的内容。

当资金跟不上的时候，最易被“砍”的就是实践环节。不少学生告诉我，自己的职业生涯教育，就是在“听几场讲座”“做几次测试题”中度过的。

来自江苏的高三学生方立辉记得，自己从上高一起学校就有了职业生涯规划课，不过是跟心理课放一起的。学校也要求学生要进行职业体验，时间限定在寒暑假，职业体验的单位也需要学生自己找。“有的同学去超市配货了，有的找了个生产车间，也有组团去大企业的。”方立辉说，他感觉自己的职业体验最舒服，“那3天，我就坐我爸办公室里，喝喝水、玩玩手机、跟叔叔阿姨聊聊天，然后拍几张照片，让爸爸单位的同事写个评价盖个章，就过关了。”

即便是学校集体组织的职业体验，效果也并非都能尽如人意。一位校长介绍，不少单位更愿意接受大学生的实践活动而不是中学生，“因为很多单位可以借着这样的机会推介自己，吸引更多优秀的毕业生就业。中学生们到了这样的单位，也就是走马观花，很难有真正的职业体验”。

“我们特别希望主管部门能像军训一样，建立一些职业体验基地，提供更专业、更标准化的学生职业生涯规划服务。”一位校长说出了这样的心愿。

第二章　上职校是先行一步人生规划

是不是只有上了普通高中，考上好大学才需要人生规划，而那些考上了中职、高职的，就只能“将就”了？

当然不是。许多事实告诉我们，选择中职或高职，其实是帮助孩子更先一步选择人生方向——更早发现孩子的心灵手巧，发现孩子的动手能力，让孩子扬长避短。选择到那些针对社会需要而设立、有着明确培养方向的职业学校去学习，可以尽早为孩子的就业打好基础。

现在国家提出要大力发展实业，而建设能够支撑国家经济基础的农矿工商等各种实业，正需要大量新型的既有知识又有技能的高素质产业工人、能工巧匠、职业能手，这正是选择职业教育的孩子可以施展才能的天空和舞台。

坦然接受孩子的“普通”

很多家长有过这样的感觉，当孩子还在襁褓中时，我们对孩子一生的规划是接近本能的：期待孩子拥有一个健康、平安、快乐的一生。随着孩子一天天长大，我们对孩子的期待又会加上聪明、多才多艺等等。而随着孩子进入学校，这一期待又变了，希望入读一所比较好的学校、取得比较好的成绩、拥有一些才艺等等，而且这些还被排在了比孩子的健康、平安、快乐更重要的位置。

等孩子再大一些，家长在对孩子未来进行规划的时候，影响判断的因素又变了，比如“别人家的孩子如何如何”……家长们往往在不知不觉中就被世俗的观念牵着鼻子走了，直到有一天蓦然回首才发现，已经忘了自己在孩子襁褓时的期待。

几年前，笔者曾在一次大型家庭论坛上，听到了原中国青年政治学院党委书记、常务副院长陆士桢讲自己教育孩子的故事。

陆士桢说，当家长在教育孩子过程中遇到困惑时，首先要回答这样一个问题：你是要孩子世俗的成功，还是要让孩子拥有一个健康快乐的人生？

健康快乐的人生，不就是一个普通人的标准吗？是的，其实，何止孩子？大多数人不都是普通人吗？包括我们自己。

接受孩子的“普通”对家长来说，是重要的一课。

陆士桢在教育儿子的过程中，对此有深刻体会。

她儿子上学时“成绩极差”，“我和儿子最经典的对话就是：‘你考得怎么样？’儿子答：‘还行。’问：‘什么叫还行？’儿子答：‘后边还有仨。’”这让她非常无奈。

儿子上完初中后，陆士桢希望儿子能进高中。儿子的一句话就把她噎了回去："你看起来是为我好，其实是为了你自己的脸面。"

儿子的这句话点醒了她。

于是儿子按照自己的意愿上了中专。

不想上中专后的儿子，突然有一天告诉母亲，他要考大学了。

有了这个愿望后，儿子变得很努力、很用功，比在中学时努力用功得多。最终，儿子成了当年那所中专学校班里唯一考上本科的学生。

考上本科以后，儿子又提出了要出国留学。当妈妈的，当然高兴，自然支持。但是，跟很多人的目标不同，儿子准备出国学的，仍然是职业教育，学电脑动画制作。

一次又一次的选择，说明儿子已经明确知道了自己的特长是什么、喜欢的又是什么，但他希望通过自己的不断学习，来提升自己的技术水平。

其实，"世俗"的道路并不意味着是错误的，它是很多人用很多年的经验教训总结出来的离成功最近的一条路。对于家长来说，如果孩子能按照这样的道路走下去，往往会少走许多弯路。我们之所以把这条路称作是世俗的成功之路，是因为太多人把这条路当成了唯一的道路，把这条路所通向的成功当成是成功的唯一标准。

陆士桢指出，家长在教育孩子的过程中，重要的是不要把那些世俗的成功当成唯一的目标，而是要把孩子的基础打好，也就是首先把孩子培养成一个有人品、有理想、有目标的人，"基础的东西打好，最终的成功总能够实现"。

放弃功利，回归常识

现在很多家长在为孩子进行规划的时候，最大的问题来自于对自己孩子的“优长劣短”判断不清，比照的是“别人家的孩子”，甚至是一个理想状态中的孩子。比照这样的孩子做的规划，与自己孩子实际的契合度自然会存在差距。

所以，家长们在教育孩子时、在规划孩子的职业生涯时，首先要回答一个问题：你了解自己的孩子吗？

打个比喻，我们的孩子就像自然界中的水果和蔬菜，他们的样貌、品性、能力各不相同，甚至差异甚大。在小学和初中的学习中，若只用知识学习的成绩来衡量所有孩子的优劣，就好比我们的学校和家庭教育正在努力把这些大不相同的茄子、萝卜都培养成苹果，似乎只有这样才是成功的教育。

用“知识学习的成绩”这唯一的尺子，来衡量并要求天赋、才能各不相同的孩子，势必会造成孩子的成长环境越来越单一。而没有差别就没有碰撞，我们最终扼杀的是孩子的创造性。

现在被很多家长奉为真理的一个教育原则是“好孩子是夸出来的”。其实，毫无原则的夸，以考试成绩为标准的夸，甚至只夸奖不批评，这样的做法最终对孩子的伤害往往非常隐蔽，容易让人忽视，而伤害却是非常巨大的：当孩子了解了跟父母之间的互动方式后，他们会不由自主地按照家长期望的样子来表达或展示自我，甚至渐渐忘掉了自己内心本来想要的是什么。这不仅仅是对孩子天性的不尊重，也会让孩子渐渐迷失自我，孩子真正的内心需求总处在不被满足的状态，久而久之会产生意想不到的问题。

家长对孩子应有的一个重要的教育态度是：接纳。

什么叫接纳？就是对孩子的言行你可以不赞赏，但要理解并接纳。接纳了就和孩子有了对话的基础；有了这个基础再加上适当的沟通方式，家庭教育一般就不会出什么大问题了。

现在社会上与家庭教育有关的新提法、新思想层出不穷，很多家长如获至宝，但未见得都能奏效。其实家长只要放下过强的功利之心，沿着尊重青少年发展规律的路持之以恒，就会有更好的效果。

家教绝非易事，但并不需要家长们都成为被教育学、心理学武装起来的专家，家长们要做的是“回到常识”——了解孩子、尊重孩子、倾听孩子的声音，承认孩子的差异，等待孩子的成长，还能言传身教，永远让孩子看到希望……回到了常识，家长们在教育孩子时反倒常常能做出正确而理性的判断，不再让孩子只是简单地学习知识和应付考试。

职业教育有了上升的通道

不久前教育部公布了2021年全国教育事业发展统计公报，公报显示，全国共有高等学校3012所。其中，普通本科学校1238所（含独立学院164所），比上年减少11所；成人高等学校256所，比上年减少9所。而本科层次职业学校32所，比上年增加11所；

高职（专科）学校1486所，比上年增加18所。另有培养研究生的科研机构233所。

我们可以仔细分析一下这个新鲜出炉的最权威的统计数据。其中两组数字应该引起我们的关注：一个是高职（专科）学校1486所，比上年增加18所；一个是本科层次职业学校32所，比上年增加11所。

2019年1月，国务院印发的《国家职业教育改革实施方案》提出，要开展本科层次职业教育试点。当年，教育部批准设立南京工业职业技术大学等一批职业本科学校，同时，我国启动了高职三年扩招300万计划，并取消了中职毕业生升入高一级院校的升学比例限制。

这意味着，我国的教育改革，正在从政策上、实践上打破职业教育止步于专科层次的“天花板”，使更多学生可以通过更多渠道接受更高一级的教育。

这反映出，国家正在从顶层设计上努力破解我们开篇提到的学历歧视。要破解这种歧视，首先要清除“职业教育低人一等”的观念。该方案开宗明义第一句话就是：“职业教育与普通教育是两种不同教育类型，具有同等重要地位。”

《中华人民共和国职业教育法》（简称《职教法》），自1996年颁布26年以来，2022年首次进行了“大修”，并于当年5月1日起正式实施。该法也明确提出职业教育与普通教育是两种不同的教育类型。这一定位无疑是构建职业教育法律制度的基础。

“新法”规定职业教育是与普通教育具有同等重要地位的教

育类型；规定国家统筹推进职业教育与普通教育协调发展；规定职业教育是为了培养高素质技术技能人才，使受教育者具备从事某种职业或者实现职业发展所需要的职业道德、科学文化与专业知识、技术技能等职业综合素质和行动能力而实施的教育；规定职业学校学生在升学、就业、职业发展等方面与同层次普通学校学生享有平等机会，禁止设置歧视政策。

那么，如何理解“职业学校学生在升学、就业、职业发展等方面与同层次普通学校学生享有平等机会”这句话呢？

教育部相关负责人解释：“职业学校的学生不仅可以读大专，还可以上本科。”

长久以来，职业教育学生上升通道不畅、不宽。修订后的《职教法》规定：职业学校教育分为中等职业学校教育、高等职业学校教育；中等职业学校有关专业实行与高等职业学校教育贯通的招生和培养；高等职业学校和实施职业教育的普通高等学校应当在招生计划中确定相应比例或者采取单独考试办法，专门招收职业学校毕业生。除了设立本科层次职业学校，职业教育法还为两个方面的探索预留了空间：在普通高等学校设置本科职业教育专业，在专科层次职业学校设置本科职业教育专业。

该政策最大的意义在于，我国已经从法律层面上使职校学生的发展通道更加畅通，给中等职业学校的学生可以上大学开了一个口子。修订后的《职教法》要求，统筹推进职业教育与普通教育协调发展，建立符合职业教育特点的考试招生制度，促进职业教育与普通教育的学习成果融通互认；把中等职业教育作为应用型人才培养体系的基础教育，注重为高等职业教育输送具有扎实技术技能基础与合格文化基础的生源，突出中职教育的教育功能，提升认可度，让职业教育真正成为“就业有能力、升学有优势、发展有通道”的教育类型。

政策不仅仅停留在纸面上，这两年不少地方也进行了相关尝试。比如北京市已经从2021年起优化了“贯通培养”计划，开展高端技术技能人才的贯通培养。贯通培养的学制为7年，其中前三年为中职教育阶段，中间两年为高职教育阶段，后两年为本科教育阶段；前五年在职业院校学习，后两年在本科高校学习；招生对象为符合当年中考升学资格的北京市正式户籍考生。

职业教育的就业形势好

2022年9月，教育部发布了新版《职业教育专业简介》(简称新版《简介》)。

众所周知，职业教育在整个教育体系中是与市场链接最紧密的，职业院校就像装着灵敏度极高的“探测仪”，总能结合社会的发展和市场的需求，转向、调头。

教育部职业教育与成人教育司负责人介绍，新版《简介》中非常明显的特征是：深度匹配新技术和产业变革需要，深度对接职业岗位场景，突出职业岗位能力培养，更新课程体系，升级专业内涵，淡化学科教育色彩，同时注重科学文化知识和专业类通用技术技能培养，强调科学精神、工程思维等的培养，强调全面贯彻质量、安全、绿色等现代产业理念要求，强化实习实训等实践性教学环节，推动技术技能人才供给侧改革。

同时，新版《简介》紧盯行业变革，对标科技创新，优化专业定位，在职业面向中强调专业对应的数字化新职业场景和新岗位，列举对应的职业资格证书和职业技能等级证书等职业类证书，前瞻布局培养学生掌握数字技能、绿色技能等未来职业能力，使职业教育专业成为更好适应、支撑、引领经济社会高质量发展的“快变量”。

一次，在采访北京师范大学资深教授、中国教育学会名誉会长顾明远老先生时，老先生这样说，过去我国的教育曾经有过误区：忽视学生的动手能力，因此职业教育不受重视，高中阶段完全按照分数来录取，而不是按照综合素质来录取，这也造成很多家长不愿意让自己的孩子选择中职。

这种固有的观念正在被打破。

采访中，我跟我的同事遇到了这样一位毕业于南方某职业技术学院商务英语专业的学生，毕业后她入职华为公司，她的工作需要实时跟踪拉美地区合作方发过来的合同，对条款进行翻译，并将信息结构化，核对数据，录入系统。“在学校的几年让我收获很多，如今在这家世界500强企业，我获得了明日之星和质量之星等荣誉。”这位职业院校毕业生自豪地说。

我们来看看由职业院校毕业生交出的成绩单：在现代制造业、战略性新兴产业和现代服务业等领域，一线新增从业人员70%以上来自职业院校毕业生。

据权威数据显示，目前全国职业学校开设1300余个专业和12万多个专业点，基本覆盖了国民经济各领域，有力支撑着我国成为全世界唯一拥有全部工业门类的国家。“十四五”期间我国还将支持建设200所以上高水平高职学校和600个以上高水平专业。

不久前，首届世界职业技术教育发展大会发布了《中国职业教育发展白皮书》。研究显示，我国职业学校毕业生就业率连续保持高位，中职、高职毕业生就业率分别超过95%和90%，专业对口就业率稳定在70%以上。职业学校毕业生就业岗位遍布高端产业和产业高端，高职毕业生工作半年后年收入，显著高于城乡居民人均可支配收入平均水平。

职业院校毕业，照样可以“开挂”！

跟教育相关的事，仅有政策是不够的，必须把教育者、被教育者都调动起来，政策才能真正发挥作用。而当学生自身的力量被调动起来后，我们看到这些孩子身上迸发出来的上升的力量是巨大的，有谁甘愿过“将就”的人生呢？

2021年年底，在采访第七届中国国际“互联网+”大学生创新创业大赛时，我遇到了一群高职院校的学生。

先来看看这群学生拿到全国大赛上的作品。

来自南京工业职业技术大学机械制造与自动化专业的刘赓凯，是个爱运动的男孩。他发现，喜欢运动的人多多少少会有运动伤害的经历，而不少伤害跟脚上穿的运动鞋有很大关系，“每个人的脚是有差异的，但是运动鞋生产厂商基本上是使用统一的模具批量生产，很难关注到这些差异，时间长了就会损伤人的脚或膝盖。”刘赓凯说。

刘赓凯希望生产出一种有记忆能力的鞋底，不同人穿上，鞋底都能逐渐顺应每个人的脚型，而最终成为只属于自己的鞋。于是，结合所学专业，刘赓凯想到了4D打印技术。但是经过一番研究后刘赓凯才发现，专业运动鞋拥有千亿级的市场规模，但是4D打印技术和设备却被国外垄断。于是，他便开始了自己的研发之路。

见到温州职业技术学院的钱煊博，是在一个比赛的体育馆里，他介绍起了自己的创新项目：“在这个体育馆里，我想从A口导航到E口，现在常用的手机导航是做不到了，因为这些定位系统主要用于远距离的户外。我们做的事情，就是解决近距离的室内精准定位问题。”

而毕业于成都纺织高等专科学校的蒲汪庆，则是一个酷爱旅游、喜欢民宿的人。他发现民宿行业没有统一的管理标准，也时常出现宣传与实际不相符的情况，他便开始着手进行一场“改造”。他的创业项目就是给各种民宿提供帮助，帮他们设计小程序，内容包括软硬件条件、运营方式，进而打造出一批配套标准、服务标准统一的民宿。

南京铁道职业技术学院的郝世文，12岁就开始学习扎花灯技艺，并师从全国非遗传承人。进入大学后他发现，如此优秀的非物质文化遗产并没有多少人知道，也没有多少人掌握这项技艺，“可能是因为做起来比较费时费力吧。”郝世文说。于是，他决定

"化繁为简"，把一些烦琐的工序事先加工出来，做成材料包，然后进行组装，这样很多人就可以自己动手参与到花灯制作中来了。现在，由郝世文团队制作的材料包，不仅有很好的销路，而且已经被团队中的留学生带到了海外。

上面这些事例，一次次证明了进入职业院校的学生大多比较接地气，常常能发现现实生活中的不足，而他们的动手能力又能把这种不足变为需要，然后用小发明来解决问题。

应该说，与很多名校的本科生相比，职业院校的学生起点并不高，他们中的一些人甚至是带着挫败感踏进大学校门的。

"刚进职校的时候，感觉完全失去了目标，非常迷茫。"刘赓凯说，"闲下来就会瞎想。"为了不让自己想太多，刘赓凯便不停地找事情做，当班长、当学生会干部，后来发现了学校的创新创业教育，他开始参与。

刚进入创业状态时，刘赓凯便发现了自己的不足，"我突然感到虽然自己也学了很多知识，但是，当我真的进入到项目之后才发现，好像什么都不懂。"刘赓凯说。就是因为发现了不足，他才开始向学长学习，向老师请教。

"在高职院校里，遇到一个有想法又好学的孩子很难得。"温州职业技术学院的老师金余义说，学校会尽最大可能帮助学生，除了向所有学生提供创新创业课程之外，还会成立多个工作室，每年面向新生"纳新"，发现"好苗子"之后，会让他们在学校的创新学院继续"深造"。

钱煊博大三时就进入了学校的创业学院"2+1"创业实验

班。这里除了有创新创业类专题讲座、分组交流课程、实践课程以外，还会有项目路演课程。学校还会提供机会，让学生走访企业，参加展会，与资源对接等。

其实，对于很多正在创业的高职院校学生来说，创业并不是他们的最终目标。他们的人生，照样可以“开挂”！

“以公司目前的状况养活自己、养活团队应该不成问题。”刘赓凯说，但是，他现在有了新的目标，“创业的经历让我找到了目标，不再迷茫，但是我现在更想继续深造。我还要学更多的东西，先升了本科，然后再往下看。”

“这大概就是创新创业教育的意义。”金余义老师说，学生创业最终成功的只占少数，但是在这个过程中，学生学到的更多的是创业的精神和思路，将来他们无论走上什么样的工作岗位，相信这个精神依然会在。

职业教育也可以改变命运

2017年的夏天，我参加了由教育部组织的两个采访团，一个在宁夏的西海固，一个在海南的海口。这一南一北相隔近3000公里的两次采访，让我深切地体验到了职业教育改变命运的力量，尤其是在贫困地区，对于贫困家庭孩子的改变。

就在大城市的家长还在焦虑“普职比”的时候，在另外一些地方，那里的许多孩子并不愿意挤进普通高中这座独木桥。

“我毕业以后就准备找工作了，这样可以贴补家用，我家里还有4个妹妹。”小娟是宁夏回族自治区固原市某县职业中学学前教育专业高二年级的学生，见到她时，她正在学习剪纸。给他们授课的是宁夏回族自治区非物质文化遗产剪纸项目传承人，小娟学得非常认真，她知道学好了剪纸，不仅能对将来的幼教工作有帮助，剪纸还能成为一项生存技能。

出生于海南省海口市郊某镇的小丹也是女性。采访她时，她已经是一名中专学校的老师。初中毕业那年，为了家里的兄弟姐妹，小丹曾经中断过学业。那年，她哥哥已经上了高中准备考大学，弟弟妹妹还刚刚上学不久，以父母务农的收入很难支撑4个孩子都上学。所以，虽然小丹的学习成绩不错，但是仍然中断了学业。

跟男孩子相比，很多贫困地区的女孩子一旦中断了学业，再次接受教育的机会便微乎其微了，她们中的一部分会走上外出打工之路。由于这些女孩子并未掌握任何技术技能，只能从事技术含量低而繁重的工作，收入通常较低且不稳定。而留在农村的女孩子则早早结婚生子，不少人又开始延续父辈的贫困生活。

小丹初中毕业后生了一场大病，之后便到亲戚开的茶艺馆帮忙，半年后到海口市的一家酒楼当服务员，两年后又到另一家酒店做服务员。如果没有后来的机会，小丹的生活还会这样复制下去，然后像家乡初中毕业的众多姐妹那样，找个人嫁了。

就在这时，面向农村绝对贫困家庭、城市低保户等家庭招收女学生，让贫困家庭女孩免费“学技术”“立志向”“好就业”，过上有尊严的生活，帮助其家庭脱贫致富的“扶贫巾帼励志中专班”创办了。小丹非常幸运，成为这个班的学生，学的是会计专业。重新获得学习机会的她非常刻苦，多次获得省里和学校的奖学金，还当了班长、学生会主席。毕业那年，小丹成功留校，成为一名中专学校的教师。

小娟和小丹，只是通过职业教育改变命运的众多贫困学生的一个缩影。

据统计，职业院校中有超过70%的学生都来自于农村。我们可以看到，已有千万农村家庭，通过职业教育实现了拥有第一代大学生的梦想。

不仅如此，近年来国家在不断加强对职业院校的资助力度。

宁夏教育主管部门介绍，2017年，宁夏回族自治区将初中毕业没有升入高中、高中毕业没有被大学录取的学生，全部纳入职业教育和技能培训，这样，这些孩子有了一技之长之后就有了就业的能力，能就业就能改变家庭贫困的局面。而且为了让每一个孩子都能上得起学，宁夏回族自治区在2013年以省为单位，在西部率先实现了中等职业教育全免费，每生每年2000元，家庭经济困难学生和六盘山连片扶贫开发区学生，另外还享受每生每年2000元生活补助。2016年开始，固原市辖区学生实施“三免一补”：免学费、免住宿费、免书本费，并增加生活补助500元。从2017年秋季学期开始，这一补助政策已扩展到山区9县和其他地区建档立卡的贫困家庭学生。

据了解，我国从2009年到2013年，中职免学费的覆盖率已经增至90%。2019年6月，职业院校首次设立中职国家奖学金，这便使中职和高职奖助学金“提标扩面”，完善了以国家奖学金、国家助学金和免学费为主，地方政府资助、学校和社会资助等为补充的职业教育资助政策体系。在促进教育公平上，中职免学费、享有助学金的覆盖率已经分别超过90%和40%，高职奖学金、助学金覆盖面分别达到30%和25%。

人口红利与人才红利

如今，我国的纵向贯通、横向融通的现代职业教育体系已经逐步构建，职业教育止步于专科的“天花板”正在打破。

值得关注的是，从更深层次上说，职业教育更是一种终身教育，每一个人都可以借由它提升自己的技能。

在采访过的人中，我一直对江西省兴国县一所农村中学的校长印象深刻。

接触他时，采访的主题是农村中小学校长的艰难与突破。校长最打动我的是他写的一篇教育日记。这篇日记的名字很美——《孩子，花开的季节，你怎能忘了绽放?》，记录的是他劝一个农村辍学学生小井返回学校的故事。

小井兄弟姊妹众多，父母文化程度不高，一家人的生活全靠父亲外出做小工勉强维持。小井一直延续着“三天打鱼两天晒网”的上学模式，村里人经常看到他在附近几个村子里游荡。后来，小井干脆跟着熟人到工地当起了小工。

为了实现义务教育“一个都不能少”，这位校长没少在小井身上花功夫，小井一次次地离开学校，校长一次次把他找到并带回学校。终于，小井完成了九年义务教育，但是，这位校长依然担心小井的未来，因为他知道，没有一技之长的小井离开学校后，依然会面临生存危机。

不过，校长的担心如今已经消除了，因为小井已是开挖掘机的熟手了，依靠每个月的收入完全可以自食其力，这就是职业教育的功劳。现在，如果小井还想提高技能，职业教育依然可以给他提供机会。

提到职业教育的作用，很多专家会使用这个概念：劳动年龄人口平均受教育年限。专家介绍，这一概念，就是指社会总人口中处于劳动年龄范围内（目前为16~59岁）的人口，人均接受学历教育（包括成人学历教育，不包括各种非学历培训）的年数。

上海市教育科学研究院原副院长张珏表示，劳动年龄人口受教育年限，体现了一个国家的人力资源发展水平，这是衡量核心竞争力及创新发展能力的国际通用基础性指标。张珏介绍，美国国家经济研究署对146个国家1950—2010年的相关数据分析发现，人均受教育年限每增加1年，由此转化而来的经济总量至少增加2%；世界银行相关研究也表明，劳动力人均受教育时间每增加1年，国内生产总值就会增加9%。

我梳理出了两组数据，一组数据是：1982年全国第三次人口普查时，我国劳动年龄人口平均受教育年限仅为5.8年；到2010年，我国的劳动年龄人口平均受教育年限上升到9.7年；而到2020年年底，我国劳动年龄人口平均受教育年限已经达到10.8年。

另一组数据是：1978年年末，我国农村贫困人口7.7亿人，农村贫困发生率97.5%；到2012年年末，我国农村贫困人口下降至9899万人，农村贫困发生率10.2%；2022年，我国现行标准下9899万农村贫困人口全部脱贫，832个贫困县全部摘帽，完成了消除绝对贫困的艰巨任务。

现在，我国提出，到“十四五”结束时，我国劳动年龄人口平均受教育年限要提高到11.3年。这意味着到2025年时，我国劳动年龄人口平均受教育水平，要达到高中二年级以上。

有专家指出，如果企业职工的学历得到提升，企业的劳动生产率也将随之提高。

据教育部相关负责人介绍，目前，我国在现代制造业、战略性新兴产业和现代服务业等领域，一线新增从业人员70%以上来自职业院校毕业生。

民进中央副主席朱永新曾指出，目前的劳动年龄人口中，有不少是仅接受过初中教育，甚至初中都没毕业的农民工，应该给他们接受学历教育提供更多的支持。

教育部相关负责人介绍，下一步，要加快构建服务全民终身学习的教育体系。完善职业技术教育、高等教育、继续教育统筹协调发展机制，发挥在线教育优势，充分发挥职业院校和高等学校在终身教育中的重要作用，完善全民终身学习推进机制，鼓励从业人员参与学历继续教育。完善终身学习体系，建设学习型社会，提高存量劳动者的人力资源开发水平，实现从人口红利向人才红利的转变。

第三章　全世界正在经历一场“学习危机”

其实，当我们还在讨论是否应该选择职业教育的时候，全世界范围内对这个问题已经有了更深层次的思考。

2019年8月“国际青年日”的前夕，联合国秘书长古特雷斯在致辞时提醒道，青年人正面临一场学习危机，同时批评学校未能向青年人传授在技术革命中所需的各种技能。

古特雷斯说：“我们正面临着一场学习危机。青年人往往在学校里学不到在技术革命中所需的技能，学生们需要学会如何学习。”他指出，教育应当把传授知识和生活技能与培养批判性思维结合起来，传授可持续性发展和气候变化方面的知识，弘扬性别平等、保护人权以及和平文化的理念。

什么是真正的学习？

当我知道了“学习危机”这个概念之后，发现采访中的很多例证说明，中国的课堂里其实也在经历着“学习危机”。

有的“学习危机”发生在大学课堂里——

“我已经完成了4年本科学习，完成了所有的必修课程，也完成了许多选修课程，我通过了毕业所需的所有考试。然而，作为一名硕士生，我现在仍然无法很好地应对现实生活中的问题。”我国某著名师范大学硕士生小刘同学说。

有的“学习危机”发生在小学课堂上——

2022年年初在北京召开的两会上，北京设计学会创始人、民盟中央文化委员会副主任宋慰祖，收到了一名小学四年级学生的模拟政协提案，道出了自己对学习的焦虑。

科技高速发展的今天，人们获取知识的渠道更加丰富多样，学习似乎随时随地都在发生。同时这又是一个知识更新速度越来越快的时代，人们今天学到的知识明天可能就落后了。因此，无论是小学生还是研究生，都存在着不同程度的学习困惑。

特别是在疫情暴发的背景下，全球不少青少年不得不离开校园在家上网课，让学习这件事变得更加复杂了。

教室里、课堂上越来越多的人在思考：到底什么是真正的学习？上学就等于学习吗？考试成绩好就代表学习能力强吗？学会课本知识就能解决现实生活中的难题吗？技术手段是弥合教育差距、解决学习危机的“万能钥匙”吗？

高科技的利与弊

“学习危机”并不是刚刚出现的概念。世界银行在《2018年世界发展报告：学习以实现教育的承诺》中明确提出：全球正面临“学习危机”，尽管受教育机会较以往有所增加，但世界各地的一些年轻人，特别是那些处于贫穷或社会边缘的人群，甚至尚未掌握生活所需的基本技能，许多中等收入国家的劳动力技能水平远远低于这些国家所追求的目标。上学却没学到知识，这不仅是浪费发展机遇，也是对全世界儿童和青少年的巨大不公。

上述《报告》指出，“上学”并不等于“学习”，因为那些上了学的年轻人，并没有学到得以在科技飞速发展的今天生存下去的技能。

社会经济发展状况，似乎是造成“学习危机”的原因。

我国某著名师范大学学生小姚，曾到我国最不发达的地区参与过评估工作。工作期间接触了4个家庭，她“发现了学习危机的3个显著特征：技术利用不足，合格的教师缺乏，获得高质量教育的机会不足”。

几年前，我也曾经采访过湖北恩施一所中专学校的校长。她说，有一次，她作为省教育信息化的试点代表到东南沿海一所大学参加培训，虽然自己学校在信息化方面已经位于省内前列了，但是当她看到东部学校那些先进的教学设备时，仍然觉得自己的学校像是“古董”。

而由于疫情的影响，很多本该在学校里上学的学生不得不离开校园，依靠网络和信息技术来完成学习。在这种情况下，教育经受着更大的挑战。“这些挑战表现为数字鸿沟，是能够获得现代信息和通信技术的区域之间的差距。”小姚说。

显然，建设可靠的网络基础设施，使用便捷的学习工具和平台，提供适合的数字学习资源等，是弥合“数字鸿沟”、应对学习危机的必要手段。

不过，很多学者发现，现在又出现了另一种倾向——过分强调和过分依赖技术手段。

“我们不排斥先进的科学技术，但高新科技不应该是教育最主要的、最终的目标，它更应该对教育起支持作用。”一位研究人员说。

年轻学者的担心，在一些中小学教学一线工作者身上得到了印证。北京一所中学的校长告诉我，最近已经有几个教育科技公司来推荐信息化产品，这些产品可以在短时间内扫描大量试卷、迅速评判，并能给出评价报告。

“其实这些产品挺相似的，有一个就行。”这位校长说，说到底，教育质量的提高并不能真的靠这些技术手段。

教室里的学习与教室外的问题

对于已有多年学习经历的年轻人来说，“学习危机”可能存在于他们走向社会、运用知识时的软弱无力。

有这样一个时不时就会成为年轻人热点的网络段子：当他们还是小孩子时，冰激凌掉了、作业不会了、衣服扣子掉了，大家都会下意识地大喊“妈妈！”而当这些小孩子成了成年人，工作迟到、不会做饭、家里电器坏了时，依然会喊“妈妈！”

我记得几年前有个帖子一夜之间火了。一个在海外留学的孩子想吃番茄炒蛋，但是自己不会做，便给妈妈打视频电话。因为时差的关系，这时的中国正是夜里，但这位妈妈还是一丝不苟地一边视频一边给大洋对岸的孩子示范。

很多人感叹：画面极度温馨，这就是妈妈的爱！可有的人说：一个留学生，难道自己不能做一盘番茄炒蛋？

这些经历了12年基础教育，甚至大多经历了几年高等教育已然成年的年轻人，在解决生活中的实际问题时，之前多年的知识积累仿佛瞬间化为乌有。

这样的无力感，小刘深有体会。

不久前，小刘成为一名志愿教师，在一所学校教英语。她负责3个班级，一开始，她按照曾经学习的师范专业知识，将这门课程的教学模式化，“但在教学结束时，我意识到，相同的模式不能应对所有情况，不同的学生学习方式不同。我无法想明白，为什么我在真正的教学中如此无能为力？那么我又如何评估我在过去4年的本科学习效果？”小刘说。

教室里的学习究竟应该得到什么样的效果？不少人开始意识到，它应该能解决教室外的真实问题。

小朱在美国一所高校留学。在一门课程中，他和团队尝试着设计了一个低成本的农村地区学生思维教育课程。

一开始，小朱设计了不少模拟实验，试图通过这些模拟场景教授知识。然而，一位老师的建议让他转变了思路，原来，之前的设计一直在复刻城市学校的教育模式。“在城市中，我们离自然资源更远，所以我们的学习，实际上是模拟生产生活场景，让学生体验他们无法真正做的事情。但对于农村地区来说，学生可以实际感受到各种原材料和传统制造技术。”小朱这样说。

小朱突然意识到了属于自己的“学习危机”：学习原来不是为了学习，而是真正接触、认识、解决实际生活中的问题。在这一点上，农村孩子反而更贴近学习的本质。

“我意识到，需要转变视角，将自己分别置于城市和农村地区。我也开始思考城乡生活的根本区别。对我来说这是一个有价值的转变。”小朱说。

在不久前举办的2022全球智慧教育大会上，世界工程组织联合会前任主席、中国新一代人工智能发展战略研究院执行院长龚克指出：如今，数字化的教育必须突出实践性。

近两年，龚克和同事们对校园招聘进行了一个全国性的调研，总结出来几十个招聘说明中的热议点，其中排在第一位的就是实践经验。他说：“这些调研反映出就业市场的导向，也反映出了当前的教育在实践环节上相对薄弱。”

“分班考”与“元宇宙”之间

当大学生们意识到自己的“学习危机”时，我们发现，这场“危机”已经在一些中小学的课堂上存在了。

“我要emo了，有两个好朋友去别的班了。”新学期，肖晓升入了高中二年级。临近开学时，班级群里一会儿在欢迎新同学，一会儿又在送别老同学，大家的情绪起起伏伏。

分班名单公布之后，肖晓那颗害怕自己被分流出去的心，也终于放下了。

肖晓所在班级是年级的重点班。临近开学时，全年级同学返校进行了一次考试，这次考试和上学期期末考试成绩就是重新分班的依据。肖晓上学期期末考试在班里排在25名上下，虽然还不算垫底，但是她挺焦虑，因为“同学之间的分数差距并不大，比我低两分的已经排在30名之后了”。

整个假期，肖晓一科一科地刷题，希望自己别考得太差，别被分流。

“我有时候真挺困惑的，一遍遍刷题的意义到底是什么？”肖晓说。

肖晓本来对自己的学习很有规划——喜欢生物的她，高一时就跟老师讨论商定了一个研究果蝇生活习性的课题，并且一直在进行实验。她本想利用暑假把实验继续深入下去，并用视频的形式呈现整个实验过程，同时参加一项国际比赛。

其实，从做课题开始，肖晓的学习已经发生了翻天覆地的变化。为了解研究课题的最新进展，老师给了她多篇大学论文，其中很多是英文的。为了“啃”下这些论文，她又上网查了很多文献，知识储备飞速增长着。而且为了准备参赛的视频，她还在网上自学了拍摄、剪辑视频的全套技能。

但是，为了备战分班考，肖晓没能实施暑假深入实验的计划。假期结束前几天，她草草地把以前的实验总结了一下，剪出一个小片子提交给了比赛举办方。

“虽然这次我没有被分流出去，但是我并没有多开心，因为如果下次我少刷了几套题就有可能被别人赶超过去。与这个相比，能完成我的实验，会让我更有成就感。”肖晓显得很沮丧，“我看了往届的获奖作品，国外很多中学生思考问题的角度特别巧妙，有的人选取的研究角度特别小，但是钻得很深，我却还得一遍遍刷题。还说什么元宇宙？我觉得我离真正的科研还很遥远。”

专家也在担心同样的问题。特别是“双减”之后，中小学生从繁重的课外培训负担和课内作业负担解放出来之后，不少专家表示，要考虑到底应该让学生们学什么、什么才是真正的学习了。

在“数字化”“元宇宙”“人工智能”等充满科技感的概念进入传统课堂后，“教室中的学习”应当如何转型？

“我们应该去研究如何培养学生的实践能力、探索能力，要让学生学会自主学习，提高学生自我培养的能力。”专家说，元宇宙时代智能化、网络化等技术的进入，教育会拥有新的特征，未来教育需要搭建新的场景。

中国工程院院士赵沁平指出，当前，教育的数字化转型和智慧教育已经成为教育信息化发展的新阶段，在教育系统性变革的过程中，教师、学生和管理者的数字化能力是关键。“教育中最重要的因素是人，技术要由人来应用，要服务于教学，要提高人的数字素养与技能。教育信息化创新发展是一个系统工程，关键要抓住教育新基建的契机，围绕师生教学应用，提供数字化学习内容、平台和工具，提升教育数字化服务和治理水平。”

“世界正在进入以信息产业为主导的新经济发展时期，教育要在社会数字化转型之中发挥基础性、全局性和先导性的作用。”对于教育的数字化转型，中国新一代人工智能发展战略研究院执行院长龚克提出3条措施：重视基础学科学习，融合跨学科领域知识转型；教学结合技术属性和社会属性，以实践促学习；培养兼具专业知识和责任感的合格教师团队。

国家也意识到了这个问题，不久前，教育部颁布了《义务教育课程方案和课程标准（2022年版）》，并已于2022年秋季学期执行，其中的16门课程的标准，就包括了劳动教育的课标。这次新课标将劳动课独立成一门课程，规定得非常具体，不仅提出了劳动课每周不少于1课时，还对不同学段的学生给出了具体的目标和课程内容。比如，把劳动课程分为日常生活劳动、生产劳动、服务性劳动三大板块，共设置10个任务群，比如整理与收纳、烹饪与营养、农业生产劳动、新技术体验与应用等。学习任务由易入难、循序渐进，在“烹饪与营养”任务群中提出，三四年级小学生学会凉拌黄瓜等简单切配，五六年级小学生会做西红柿炒鸡蛋等家常菜……

让小学高年级学生学会番茄炒蛋是一个信号：要让学习不仅在课堂上发生、课堂上结束，还要让学习指向生活实际，让学习更真实地发生。

第四章　孩子的人生规划，需要父母的智慧

有人说，世界上几乎所有的爱都是为了占有，只有一种爱是为了离开，这种爱就是父母对孩子的爱。父母对孩子付出的所有爱，都是为了孩子从弱小慢慢变得强大，强大到有一天有能力离开父母的保护，离开父母，成为独立的人。

不过，这里所说的“离开”应该不仅仅局限在物理层面上，它至少还应该包括这样两层意思：第一，离开父母的保护后孩子有独立生活的能力；第二，离开父母后孩子有让自己幸福的能力。

看似简单的两层意思，真正做到并不是容易的事，需要家长不仅了解自己的孩子，还要了解孩子成长的环境，更要能对未来进行准确的判断，这需要家长在宏观上有格局和眼光，同时也需要在微观上找到打开实践之门的钥匙。

这考验的是家长的智慧。

家长们首先要做的是在观念上破除局限以打开格局，同时还要在方法上寻找到可操作的“抓手”。

打开格局1：别让孩子越学越傻

孩子的学习负担为什么会这么重，而且越来越重？我们今天换个角度来讨论一下。

人工智能、AI、元宇宙、大数据、物联网……谁都无法否认，我们已经进入了科技高速发展、信息高速发展的时代，新名词、新概念越来越多，更新速度越来越快。这就意味着，人类创造的新的知识体系越来越多，意味着新的课程越来越多，每门课都是在做加法，学生的负担怎能不越来越重？学习所面临的这种新形势，对于人类无疑是巨大的挑战。

正如前面章节所提到的，当前全世界正在经历一场“学习危机”，这场危机的本质不在于学多学少，而在于学了什么，怎样学。在这场危机中，越来越多的年轻人发现，自己在十几年甚至更长的学习生涯结束后，依然无法应对职场上、社会上、生活中遇到的层出不穷的实际问题。

为什么会这样？

采访中，有专家这样告诉我，因为我们目前学校的课程体系基本上是从100多年前延续到现在的，但是人类新知识的产生速度却越来越快。19世纪知识体系每50年增加一倍，20世纪初每30年增加一倍，到了20世纪50年代每10年增加一倍，之后每5年增加一倍，90年代是每一年增加一倍。近30年来，人类的科学技术成果比过去2000年的总和还要多得多。

这些意味着什么？意味着，如果我们的青少年依然按照原来的方式学习，家长依然按照原来的模式不停地督促孩子学习课本知识，让孩子一遍又一遍刷题，那么你的孩子可能没有时间精力学习课外新知识，可能让孩子越学越傻。

这肯定背离了家长们的初衷。那么，应该怎么做呢？

民进中央副主席、中国教育学会第八届理事会学术委员会顾问朱永新曾经介绍，他所发起的新教育实验早在5年前就提出了“卓越课程体系”，从孩子成长过程中最重要的方面来考虑课程设置，“比如，生命课程。”朱永新说，生命和教育本来就是一体的，教育的使命就是帮助一个人从自然人变成社会人，同时拓展一个人生命的长度、宽度和高度，帮助每个生命成为更好的自己。这与联合国教科文组织的倡导正好吻合。联合国教科文组织的几个报告都提到，要从学会生存到学会学习，再到学会成长，首先要为孩子的生命发展和成长做准备，告诉他怎么保护自己、怎么运动、怎么吃饭、怎么睡觉，碰到危险怎么自救、怎么他救，怎么成为受欢迎的人。

除此之外，还应该设置“大”学科和“大”课程。不久前跟一位大学数学老师聊天，这位老师结合十几年的教学经验说，现在出现了两个极端，一端是学生所学的内容越来越细分，而另一端是最新的科技成果却越来越有多学科融合的趋势。

朱永新也认为，要有“大科学”课程，以大科学概念为框架，整合传统的物理、化学、生物课程。这种“大科学”应该从小学到高中，一以贯之，帮助学生形成科学思维、科学方法和科学精神。“大人文”教材应包含哲学、文学、地理、历史，不仅文科学生要学，理科学生也要学，这就解决了基础教育阶段科学素养和人文素养的培养问题。

同时，专家们强调，学校教育中要做出重大变革，给学生们留出50%以上的自主空间进行学习，让学生在学习中掌握知识，再利用已学知识来推进学习和研究，这是自己建构知识的过程。

其实在这个知识飞速更新的时代，家长们往往可能会落后于孩子。

采访中我偶然看到了一个“00后”的学习过程。我当时采访的主题是有关“00后”与家长在使用手机过程中产生的矛盾，接受采访的中学生是一个手机“重度使用者”，每天手机不离手，为了让她远离手机，父母用了太多办法，没收的手机不止4部。我采访这个小姑娘时，她正在组装一个在网上订购的桌上小书架。

按照我这个“70后”的惯常的思路，组装这个小书架的过程应该是这样的：先是测量和思索，然后是动手实操。

而这个小姑娘的操作是：第一步，打开手机中的一个软件，迅速搜索了别人分享的同类书架摆放的视频和照片，第二步才是测量、思索，然后很快形成方案，开始动手、完成，最后一步是拍照并分享到网络上。

都说这一代“00后”与前人不同，就在于他们是网络的“原住民”。所谓“原住民”，是指在某地方较早定居的族群。“00后”一出生，网络就存在于他们的生活中，他们中的很多人拥有的第一部手机就是能“连接一切”的智能手机，他们甚至从来不认为打电话是手机的主要功能。

在这里，“原住民”不仅是一个时间概念，更代表着某种生活方式。很多“十指不沾阳春水”的“00后”在假期里，仅凭着一部手机就能成为“烘焙高手”“妙手大厨”。

我在采访中发现，很多中学生的手机中，有满满几屏软件。记得跟一个中学生聊天时，他刚好换了新手机，所以采访过程便在他整理手机的过程中进行了。让我震惊的是，孩子搜索和整理移动手机App的速度和熟练度，他说自己习惯按照自己的方式给这些软件归类，这样便于寻找。

分享、归类、使用，这不正是互联网思维+信息加工思维吗？“00后”们正游刃有余地游走在“智能手机连接一切”的世界中。

很多专家指出，过多使用手机正在影响青少年深入思考的能力，他们遇到问题首先想到的不是思索而是搜索。不过，这不正是在信息高度发达时代生长起来的一代人所具有的特征吗？互联网把上一代人思考之后的结果集合起来，形成海量的信息，“00后”们再把这些信息挑选出来加以使用，谁又能否认这种从海量信息中精准挑选不是一种能力？而这种挑选也会成为一种积累，新的发现也许就蕴含在这种比较、选择和积累中。

联合国教科文组织提出21世纪的教育应围绕4种基本“学习”——学会求知，学会做事，学会做人，学会共处。应该说，学会求知就是学会一种学习的方法，学会从“未知”到“知”的过程。从孩子们的这种操作中，我们是不是已经看到，其实他们正在摸索一条属于他们的求知道路？

所以，家长们必须把孩子们从单纯的课本学习和题海中解放出来，给他们更多的时间和空间，让他们在与社会、与互联网的接触中学会取舍，在探索中学会思考，在适当的留白中学会创新。

打开格局 2：人生的尽头不是高考

我们再看看那些“鸡娃”的家长。

在这些家长心目中应该有这样一条朴素的逻辑线：要让孩子拥有幸福的人生就要找到好工作，要找到好工作就要上好大学，要上好大学就要上好中学，要上好中学就得从小学“鸡娃”开始……

但事实是，按照这个逻辑，高考就是“人生的尽头”了，因为只要顺利通过高考，考上理想的大学，后面就应该是前途似锦、幸福美满的结局。不过现实是，很多苦学十几年的孩子在找到了一份“理想”的工作之后，并没有过上幸福的生活。

为什么？

不久前，一位专家曾经这样跟我说，一个人幸不幸福，跟他上了什么大学，甚至跟上没上大学没有直接的关系。能够享有幸福人生的人通常有这样的特点：拥有独立的人格，拥有良好的人际关系，具有战胜困难的韧性。

专家的话让我醍醐灌顶。

在“鸡娃”“内卷”的路上，孩子们拼尽全力获得高分，却由此失去了磨砺自己的机会，也失去了与他人交流共享的时间，甚至日复一日地死记硬背课本知识点，使得他们丧失了继续学习的兴趣与热情。在这种高强度的学习训练下，他们的创造力也丧失了。

记得著名科学家钱学森去世那年，我跟同事专程到钱老的中学母校进行过采访，缅怀大师，探寻大师成长的历程，希冀在他的成长轨迹中寻找到可以借鉴的普遍因素。

很多人说我们现在已经培养不出钱学森这样的大师了，甚至有人悲观地说："大师的时代已经过去了。"

那么，既然我国的教育曾经培养出了钱学森这样的科学巨人，那么当时的教育理念是什么？当年培养钱学森的理念是否过时了呢？

"当年我们学校的校训是'诚、爱、勤、勇'。"钱学森就读过的中学母校校长说，而校训所提出的四个方面，是一个优秀人才的必备人格特征，没有一条直接与分数、升学相关。

这可能就是问题的关键。

与大师成长的年代不同，现在的教育环境确实发生了很大的变化。市场所提倡的竞争意识，独生子女政策下父母对子女更高的期待，全社会的舆论环境以及政策的导向作用，使教育变得更加功利了。

钱老在中学时代就非常善于主动学习，而在如今这种"分分必争"的高度紧张状态下，学生哪有时间去主动地博览群书或醉心实验呢？

所以，钱老中学母校的校长说，有智慧的家长，是把孩子当成一棵小苗，是桃花就别期待夏天开花，是番茄就别指望能收获苹果。

家长们要做的，是给这棵“小苗”足够的养分，让他有能力抵御风、雨、雷、电，还能迎接蜜蜂、蝴蝶和蚯蚓。如何能做到这些？培养孩子的非智力因素，比如，情感、意志、兴趣、性格、需求、动机、目标、抱负、信念、世界观……

这些就是孩子成长中能够终身受益的养分。

不能小看这些非智力因素，它们在人的成长过程中，有着不可忽视的作用。一个智力水平较高的人，如果他的非智力因素没有得到很好的发展，往往不会有太多的成就。相反，一个智力水平一般的人，如果他的非智力因素得到很好的发展，也可能取得事业上的成功，做出较大的贡献。

这些非智力因素就是家长给孩子一生成长的养分，有了这些养分，获得更好的分数，进入理想的学校，都会成为自然而生的副产品。即使没有更高的分数和更好的学校，对于拥有这些养分的孩子来说也不是比赛的终点。他们还有能力在跌倒的地方爬起来，他们有能力让自己重新出发，他们有能力让自己在适合的地方发光发热。当拥有这些能力的时候，这个孩子其实就拥有了让自己幸福的能力，这不正是家长期望的吗？

打开格局3：别总说“为了孩子好！”

家长们对孩子最爱说的一句话就是：“我这都是为了你好！”

没错，家长都是爱孩子的，不过，并不是所有家长的行为真的都是为了孩子好。有些家长是把自己的理想强加给孩子，有些家长一意孤行完全不考虑孩子内心的真实所想，还有些父母则把孩子的成长当成自己的“脸面”。这些家长从表面上看非常爱孩子，为孩子的成长、成才、成功而殚精竭虑，实际上并不懂得什么是真正的爱。

我在采访中曾经接触过陆女士一家。

陆女士夫妻二人本来都是大学老师，后来学外语出身的丈夫王先生跳槽到了外企。20世纪90年代能在外企工作，不仅工资高而且非常体面，没过几年，他们就在北京东四环边上购买了一套商品房。不过，为了儿子上学方便，一家三口仍然住在丈夫以前任教的海淀区的大学校园里。

其实，对于住在什么地方，陆女士还有一个小小的私心。

中国的机关大院和大学就像一个小社会。大院中除了有办公场所外，通常还有家属区。下班后，人们回到家属区，在柴米油盐的日常生活中自然也会产生家长里短的八卦。

没跳槽之前，王先生是教公共英语的，在大学这个科研力量雄厚、知识分子扎堆的地方，教公共课的老师多少显得有些边缘。街坊邻居们平时见面时虽然一团和气，但是暗地里却都在攀比着，陆女士总觉得脸面无光。自从丈夫跳槽进了外企，陆女士越来越觉得自己在邻居面前脸上有光了。

不过，“比丈夫”其实是小打小闹，大家真正暗中较劲的还是比孩子，知识分子父母对孩子的期望往往更高。

好在陆女士的儿子很争气，在班里的成绩一直是数一数二的。儿子的奥数成绩特别好，还在比赛中获过奖。每当同楼的邻居夸奖儿子时，陆女士都觉得是最幸福的时刻。

然而，儿子却没有这么强的幸福感。王先生说，儿子从很小就特别喜欢打篮球，偶像是NBA球星。但是自从上了小学，陆女士几乎没有让儿子再看过一场NBA的比赛。

后来儿子如大人所愿，考上了一所大学的附属中学，陆女士和王先生觉得脸上很有光彩，但是这个男孩子却变得越来越不愿意与人交往了，对陆女士更是冷漠。“我能明显地感到他对我的排斥，”陆女士说，“我非常想改变这种状况，周末的时候尽可能挤时间陪儿子聊聊天，但是没什么用。”现在他们夫妇正试图借助篮球与儿子沟通，但是，篮球已经唤不起儿子的热情了。

很多家长把孩子当作自己的私有财产，所以，只要有付出就希望得到回报。这种回报看似为孩子好，其实是希望符合自己的要求。当孩子取得的成绩符合自己需求时，彼此相安无事，一旦孩子不愿意按照自己确定的方向努力，或者达不到自己确立的标准时，就会产生矛盾。

有位专家曾经这样说，做一个成功的家长其实并不难，最为关键的一点是要认清“你的人生是你的，孩子的人生是孩子的”。

这一点说起来简单，做起来很难。很多家长犯错，多是完全按照自己的意愿来替孩子规划未来，替孩子做出选择和决定。这些家长焦虑的往往不是孩子应该拥有怎样的人生，而是孩子能不能拥有“我所期待的人生”。只有当家长能清醒地认识到孩子是独立的个体，他应该拥有自己的人生时，才能找到方向。

2019年，有个电视剧《小欢喜》火爆了。

《小欢喜》的热播并不出人意料，它就像一个筐，把中国家庭正在遭遇的教育难题一一“拣”了进去，总有那么一款能砸中屏幕前的家长，所以，总有一些家长一边追剧一边感叹：“太真实了！”“就像照镜子！”

既然《小欢喜》是个装满家庭教育难题的筐，那么我们自然可以在剧中看到当前家庭教育中的“流行病”：比如“虎妈病”，剧中由父母方圆、童文洁和儿子方一凡组成的家庭，看起来完整和谐，但是妈妈童文洁却是个“虎妈”，动不动就对儿子又骂又打，强势霸道；比如“单亲家庭病”，剧中由妈妈宋倩和女儿乔英子组成的家庭就罹患此病，宋倩的“症状”极为典型，把自己所有无处安放的爱全部投放到女儿身上，又有极强的控制欲，这种“牢笼式”的爱生生把英子逼成了抑郁症；再比如“父爱/母爱缺失病”，剧中的季胜利、刘静夫妇在儿子季扬扬成长的关键期缺位6年，错过了儿子6年中的所有重要时刻，可以说这是一个“丧父/丧母式”的家庭。

剧中宋倩的这种“牢笼式”的爱，就是打着为孩子好的旗号，把自己的期望全部投放在孩子身上的典型，最终把女儿英子逼成了抑郁症。

这些年，国人非常重视家庭教育，人们常常说父母要陪伴孩子。不过，我想说的是，陪伴，并不是良好家庭教育的“充要条件”，如果家长的陪伴是高压式的、填充式的、不顾孩子内心真正需求式的，这样的陪伴比不陪伴还要可怕。

在电视剧《小欢喜》前半段，季家最不被看好，爸爸一身官气、儿子一脸冷漠。家里，前一分钟还在为庆祝团聚而挂满气球，下一分钟爸爸就因与儿子一言不合而捏爆了所有气球；前一分钟爸爸还满心欢喜地以为儿子接受了自己的建议，后一分钟儿子就当着众人的面挖苦爸爸心里只装着自己的前途。

在很多专家眼中，父母的缺位应该是这些“流行病”中最严重的一个，因为“丧父 / 丧母式”的家庭关系给孩子造成的伤害很可能永远无法弥补。

不过，后来那个“病”得最重的季家却在“逆袭”，儿子不仅理解了父母当年离开自己的不得已，而且愿意为了父母做出改变和努力，特别是在得知妈妈得了癌症之后，更是剃光了自己的头发，要陪着做化疗的妈妈一起勇敢渡过难关。

这几年，“原生家庭”这个词非常流行，大家用这个心理学上的名词来分析自己，很多成年人似乎也由此找到了自己身上存在问题的“原罪”。但是，再简单的生活也远比专业的心理分析复杂得多，很多在学术上认定的因果在真实的生活中还会面临很多变化的可能。就像剧中，虽然最初“一身官气”的季胜利在儿子面前无法放低身段，但是当意识到自己必须改变时，他能把自己的将军肚塞进了儿子喜欢的赛车里；他能顶着满是皱纹的大叔脸混到游戏厅看儿子玩赛车游戏；他能一边用季胜利的身份在生活中与儿子小心翼翼地接触，一边用Victor（胜利者）这个网名在论坛里扮演儿子的成长导师……

有人说，电视剧是用来造梦的，再残酷的剧情也会迎来圆满的结局。

确实，电视剧的作用大概就是把关键的那几步演给你看。现实中的父母可能不会像季胜利那样做到180度的转变，现实中的孩子也不会像方一凡那样恰巧在学习成绩垫底时被发现有艺术天赋，但是电视剧告诉你：家庭教育其实是相对公平的事，“种瓜得瓜，种豆得豆”。如果你是打着为孩子好的旗号而满足自己的虚荣心、实现自己梦想的话，即使有一个如英子般优秀的孩子，也可能把孩子逼出问题；相反，即使你拿着季胜利一家这样的“烂牌”，只要真心从孩子的成长出发，一点点地改变，“烂牌”也能打出精彩”。

有人说，糟糕的父母比比皆是，称职的父母万里挑一。确实，有多少父母能做到完美无缺？怎样才是称职？不是方方面面都优秀的父母才是称职的父母，而是真心实意把孩子当成与自己一样的独立的人，认真研究这个“小号”的人自身的特点，并在这个基础上帮助孩子规划学习、规划人生，能让孩子走得更好。

努力了，结局也许不会像电视剧里演得那样圆满，但是至少会向着圆满靠近。

父母是引领孩子人生规划的第一人。当父母们打开格局，从孩子整个人生的视角度去筹谋孩子的未来时，家长们的思路会更加开阔。

父母的思路开阔了，孩子的人生之路自然就开阔了。有了宽广的道路，孩子收获幸福人生的可能性才会更大。

不再“鸡娃”，不再过度焦虑，不再“内卷”，家长们就会发现，要做的事情有很多，孩子的人生也有很多种可能。在这里，我们提出几个家长可以关注的方面，算是抛砖引玉，相信格局已经打开的父母将会找到更多把“钥匙”，为孩子打开一扇扇人生之门。

给您的第一把钥匙：发现孩子的兴趣

有兴趣爱好的孩子是幸福的

知道李若辰是通过采访她的妈妈。

李若辰毕业于北京大学，是很多家长羡慕的对象。但是她绝不是天才，也不是学霸，从小学到中学，她的学习成绩一直处在中游，刚上高一的时候更是因为数学成绩很差，排在了中下游。谁也没想到，这么一个普通的中等生却后劲十足，高三时获得香港大学和北京大学的自主招生加分，并最终考进了自己心仪的大学。

李若辰考上北大那年，我采访了她的妈妈，一位尊重孩子，并跟孩子一起走向成功的妈妈。

如果非要给李若辰的妈妈刘称莲分个类的话，那应该算是个“佛系”家长，在李若辰的成长中没给她报过什么课外班。

刘称莲最让人称道的就是不随波逐流，尊重孩子的兴趣，同时创造各种条件，让孩子在自己的兴趣点上闪光。

“凭什么别的孩子周末都去学奥数，你的女儿周末却出去玩儿?”若辰小学四年级时，一位老师曾经找到刘称莲问了这样一个问题，语气中的责怪，更多是在为这一家子着急。

就在别的孩子都上各种培训班和竞赛班的时候，李若辰每天放学后却是在外面看各种小动物，周末跟随父母出游、爬山。

后来，刘称莲给李若辰报了一个奥数班。

不过，李若辰真的听不懂，很痛苦。原本非常开朗、阳光的孩子越学越没有自信了。

刘称莲心疼女儿，对我说:“我报班是为了她好，但她这么痛苦，报班就没有意义了。”

刘称莲又把女儿带回到了原来的生活中。

若辰从小就是个昆虫迷，喜爱小动物。兴趣激发了动力，她写下细致的观察日记，小学三年级就读完了法布尔的《昆虫记》，阅遍了所有能找到的相关资料。

后来报考香港大学时，对面试毫无准备的李若辰恰巧遇到了一位研究生物的面试官，相谈甚欢，以至于在很多孩子看来很难熬的5分钟面试，她却还没说过瘾。最终，她获得了20分的招生加分。

李若辰认为是自己太幸运了，而刘称莲则说，这不是幸运，是积累。

发现孩子的兴趣，尽力支持

李若辰的成绩确实来自于她的积累，但是这个积累的背后却是有父母的智慧。上天给每个人的天赋可能会不同，但相同的是给了每个人相同的时间。很多家长为了所谓的成绩，把孩子的时间都用在了各种补习班上，哪怕这些补习班所学的内容是孩子完全没兴趣、不擅长，甚至是厌烦的。既然把时间分配得如此功利，孩子当然就没有时间在更感兴趣的方面积累了。

俗话说，机会总是给予那些有准备的人。这其实是老天给所有不抱功利之心者的一种奖赏。

李若辰也参加比赛，不过这些比赛都是她喜欢并擅长的。

尊重孩子并不是任由孩子发展，而是帮助孩子寻找她所擅长的，并尽力创造条件，让他们在自己擅长的领域有所发展。

在这次北京冬奥会上，卷起了一股与谷爱凌有关的讨论热潮。除了她美丽帅气的外表、获奖的瞬间外，人们讨论更多的是她的教育问题，甚至有些父母借此又“卷”了起来。在我看来，谷爱凌的故事给我们的启示首先是要承认每个孩子的天赋绝不一样，有多少孩子即使请了最牛的教练，也达不到谷爱凌的高度。在此基础上父母就要善于发现自己孩子身上的禀赋特点、兴趣爱好，然后尽可能地支持孩子。谷爱凌的母亲发现了她的天赋和爱好，然后支持她，让她不断体会成功的喜悦，这种成就感将会转化为孩子持之以恒的强大推动力。

要相信，没有谁能随随便便成功，成功的背后一定有孩子的努力和家人的支持。

还有，尊重孩子的天性，也绝不是对孩子一味放纵。

北京某名牌小学的一位老师讲过这样一件事。班里有个学生经常带各种玩具到学校来，孩子的自控能力差，经常上课时拿出来，老师便专门把家长请到学校，把孩子的玩具还给家长，并且让家长监督孩子不要再把玩具带到学校。结果，没过两天孩子又带来了新的玩具，还对老师这样说："爸爸妈妈说大人要尊重孩子的天性，我喜欢就应该让我带。"

显然，问题出在家长身上。老师能做的，是每次上课时把孩子的玩具收走，放学时再还给他。后来，孩子带东西上学的情况越来越严重，上课基本上不听讲，再后来，孩子带了一把近一尺长的刀到了学校。老师再次把孩子的家长请到学校，严肃地告诉他们，尊重孩子的天性并不是放任不管，任何国家对孩子的教育都不会是放纵，规矩和制度是尊重的基础。我们可以设想一下，假如这样的"天性"任由发展下去，会是个什么样的结果。

能否抓住教育契机，考验家长的智慧

在培养孩子兴趣的过程中，抓住教育契机，非常关键。

采访中接触过这样一个妈妈，她在陪着孩子"学习特长"的过程中有过纠结，有过迷茫，有过思考，也有了收获。

每个周末接送孩子大课、小课地学习音乐，每次课后给老师掏出几张“大票”，筹划着参加什么样的比赛和展演……这其实是这位妈妈非常不齿的一种生活，因为她总觉得这样做太功利。后来孩子上了六年级，迎来了让人“闻风丧胆”的“小升初”，周围的家长有的因为练琴和训练太耽误时间，把重心转到数学、英语、语文上；也有些家长觉得学个乐器可以成为特长，便花更多的钱，请更牛的老师给孩子指导……

这位家长开始思考，自己到底为什么要让孩子学乐器？这样的琴童生活是自己和孩子想要的吗？学乐器只是为了让孩子成为特长生吗？如果不是又为了什么？

很多人觉得中国的家长都在“自虐”：每天抱怨辛苦，其实绝大多数的辛苦都是自找的。

没有孩子的时候，很多人也曾设想过自己将来的家庭教育，那应该是孩子从小就表现出对某个领域强烈的兴趣，然后自己尽力给孩子提供各种帮助，结局皆大欢喜。

但现实是，自己的孩子并没有在哪方面表现出特别的兴趣，很难一下子看出哪条路才是最正确的。

怎么办？只能一点点试。最直接的办法就是报兴趣班。很多兴趣班都把最好玩、最有意思的部分先拿出来呈现给孩子，孩子们几乎瞬间就能被吸引。

一些教育“砖家”（网络流行语）也总是一会儿说要“借你一双慧眼”，一会儿说家长要“在与孩子的共同活动中培养兴趣”，说来说去好像只要找到孩子的兴趣爱好之后，学习就会是“轻松而快乐”的。

而在陪孩子学习乐器的过程中，这位妈妈慢慢意识到，孩子即使有天赋，但面对日复一日的、枯燥的重复练习也往往会畏难，除非您的孩子是莫扎特那样的神童，除此之外，只有坚持艰苦训练，才是技艺精进的唯一道路。

很多家庭卡在了这一步。家长不停地给孩子寻找兴趣点，遇到困难却没有坚持，然后再寻找……在不停取舍的过程中，孩子虽然有了更多选择的机会，却没有学会坚持，最终也会一事无成。

英裔加拿大作家马尔科姆·格拉德威尔在《异类》一书中指出："人们眼中的天才之所以卓越非凡，并非天资超人一等，而是付出了持续不断的努力。一万小时的锤炼，是任何人从平凡变成超凡的必要条件。"

这个"一万小时"定律可能有些绝对，但也告诉我们一个事实：每一个光鲜亮丽的展现背后，都是一条由时间堆积起来的坚持苦练之路。

都说现在的孩子抗压能力差，没多大点事就离家出走，甚至寻死觅活，专家们说归根结底是缺少挫折教育。这个时代，不少孩子在家里是"集万千宠爱于一身"；在学校，老师也很小心，不太敢批评孩子。因为缺少失败的磨炼，孩子面对挫折时有的就像玻璃般易碎，有的直接被压力完全摧毁。再加上学校和家长又把学习分数看得太重，学习问题往往成了压倒孩子的那根稻草。

这位妈妈发现，孩子学习乐器，就是一个不断承受失败和挫折的过程，而这不就是很好的体验吗？

孩子四年级时，在乐器演奏中遇到了一个瓶颈期。当时她在练习一首七级曲目，已经完成了识谱、吹奏等大部分过程，开始进入提高速度阶段。不料，只要把速度提上来，她之前准确吹奏的曲子就开始乱套，有的地方多吹了音符，有的地方又吹少了，节奏也开始乱。老师让她每天回家“两遍慢速+一遍快速”反复练习。第一周，女儿这样练了，但是效果并不明显。更让人崩溃的是，这瓶颈期居然是排山倒海式的，甚至可以说是溃败式的，之前能做到的此时也做不好了。那段时间正赶上学校管乐团招考首席，女儿本来是个有力的竞争者，但是，就因为这个瓶颈期，每次演练都会出错，那段时间女儿非常沮丧。

好在她之前已经历过几次瓶颈期，知道只要咬牙坚持，就一定能度过。

确实，两周之后豁然开朗，女儿吹奏的速度提高了，而且之前出现的很多问题迎刃而解。

这让我们看到，学习乐器不仅是掌握一个特长那么简单，更重要的是，孩子在这个过程中能体验到了为实现一个目标所要能克服的困难和承受的压力。

很多家长担心，这一代孩子将来并不缺少打拼的能力，而是打拼的动力。但当把孩子放在这样一个真实的、需要不断努力的情境中时，才发现孩子的潜力是无穷的。

这个孩子进入演出队不久，就接到了参加比赛的任务。她从周一到周五每天放学后都要训练，少则三个小时多则四五个小时。

那段忙碌的日子过后，这位妈妈明显地感到了女儿身上的变化。以前放学回家总是先玩一会儿，现在只要一进家门就会先去写作业，吃完晚饭之后，无论作业是否写完，都会用一个小时左右的时间练习乐器，之后或者继续写作业，或者看书、游戏。

“其实，并不是她做事情比以前快了多少，而是因为忙碌，让她学会了必须按照事情的轻重缓急合理地安排时间。这其实是一种自我控制的能力。”这位妈妈说。

学会了坚持，遇到困难和挫折有挺过去的勇气，能够合理安排时间，可以跟同伴一起协作完成一项任务……想想，这些不正是很多家长希望孩子拥有的品质吗？

很多人说，中国的艺术教育不能真正培养孩子的艺术素养，因为学校有锦标主义，家长也有功利思想。如果家长能放平心态，既不整天抱怨学校，也不把乐器当成孩子升学的工具，这样学习乐器就变成了一个很好的教育契机。

正当很多家长在发愁如何对孩子进行培养，有的甚至寄希望于培训机构时，这位妈妈却在孩子孜孜以求的学习过程中完成了这个教育过程。

可以说，教育契机就存在于我们生活的每一个瞬间、每一个点滴之中。重要的是家长要做个有心人，并且拥有这样的智慧，善于抓住关键的瞬间，这样的教育会事半功倍。

给您的第二把钥匙：培养孩子的好习惯

我们再回到李若辰的故事中。

李若辰能在高三发力，其实还得益于她良好的学习习惯。

从小，父母就有意识地培养女儿做事前制订计划的习惯。

记得李若辰刚从小学升入初中时，学习和作业量一下子加大了，再加上青春期到来，刘称莲明显感到了教育时的阻力。

这时，刘称莲受一本书的启发，跟孩子一起制订了一份“百天协议”。协议的内容非常广泛，既包括与学习有关的“上课认真听课”“课下认真复习”，也包括生活中的“自己收拾房间”“自己整理书包”“见到人主动打招呼”等等。协议还要求家长每天晚上对孩子一天的表现进行评价，并写出评估意见。

自从签订了这个协议之后，一家三口共同执行，父母中有一个出差了，另外一个也要严格遵守协议，整整坚持了100天。

“给孩子培养一个良好的行为习惯，孩子在各方面有了好的发展，学习成绩也会自然而然提高。”刘称莲说。

李若辰大概也从这个协议中体会到了凡事做计划的好处，从此之后她每天写作业之前都会制订下一个粗略的计划。这让她即使高三最忙的时候也几乎没有熬过夜，尤其是高考前的冲刺阶段，她“把计划做到了极致”。

距离高考仅有20天时，李若辰做了一个完备的总体复习计划。这个计划周密地分配了最后这些天的复习时间以及所要达到的目标，详细到分钟。每完成一项，李若辰就打一个钩儿。高考前一天，李若辰推开书房门，说：“我完成计划了！我准备好了！”

“制订计划并不新鲜，但考验的是坚持。”刘称莲说。

在李若辰的故事中，我们可以清楚地看到她的父母总是在有意识地培养她的好习惯，比如阅读，比如制订计划。

习惯决定孩子一生

著名青少年研究学者、作家孙云晓曾经说过：习惯决定孩子一生，好孩子其实就是有很多好习惯的孩子。所以，父母如果想培养出一个好孩子，就可以细化为培养具有一个又一个好习惯的孩子。那么当父母在规划孩子的一生时，与其把自己的期望强加给孩子，不如着手培养孩子的好习惯。

不过，家长在孩子习惯的培养过程中也常常存在误区。

误区一：习惯会束缚孩子的创造性

不少家长认为，习惯似乎经常跟刻板、顺从相伴随，在强调人的个性和创造性的今天，强调习惯似乎不合时宜。

其实，习惯对一个人来说，是“解放”还是“枷锁”，取决于你养成了什么习惯。如果是养成爱运动、爱读书、独立思考、敢于质疑、做事有计划等好习惯，对人来说就是一种解放；如果养成做事拖拉、言而无信、依赖他人、没有责任心等坏习惯，就会成为一个人成长过程中的枷锁。

采访孙云晓时，他讲了自己的例子。

孙云晓11岁那一年，“文化大革命”来了。一天，他哥哥所在技校的工厂准备烧书，15岁的哥哥不忍心看着那么多文学名著被白白烧掉，就悄悄地藏起了一书包的书。在此之前，出生在工人家庭的孙云晓基本没读过什么书，但是，“就是这一书包书改变了我，我被书中的世界深深地震撼了。1966年的冬天，我有了自己的梦想：成为一名作家。”孙云晓说。

从此之后，孙云晓养成了爱读书的习惯。正是这个习惯让孙云晓有了今天的成就，“我好像一下子被从一个黑暗的世界中解放出来一样，眼前一下子光明了，我仿佛进入了一个全新的世界。”孙云晓说。

不少孩子之所以被父母反复数落，其实是他们被一个个坏习惯捆住了手脚。比如，一个孩子没有养成睡前整理好第二天学习用品的习惯，那么他上学出门前就会丢三落四，就会让自己陷于慌乱中，同时还会受到父母和老师的批评。每天被这些烦心事纠缠的孩子，怎么能全身心地思考学习问题？怎么会有从容的时间做自己喜欢的事情？

误区二：习惯的养成，重开始轻结果

现在，无论是学校教育还是家庭教育，很多提法和做法都很好，但问题是，我们经常有一个轰轰烈烈的启动仪式，后面的执行怎样、是否最终落实到了孩子的行为上，反而没有人关注了。就像烧一壶水，我们只关注了前面那50摄氏度，剩下的50摄氏度没有人管了。父母在培养孩子习惯的时候也存在这样的误区，经常把要求“武装到了嘴，但是最终没有落实到行动上”。

孙云晓对孩子习惯养成的关注，源自2001年起承担教育部全国教育科学“十五”规划课题“少年儿童行为习惯与人格的关系研究”。

长达10年的研究，让孙云晓及整个研究团队有了很多重要发现。“习惯培养是一个由被动到主动再到自动的过程。”孙云晓说，其中，被动阶段的心理特征是遵从，主动阶段的心理特征是认同，自动阶段的心理特征是内化。在这个过程中，要关注两个转化：由被动到主动的转化，由主动再到自动的转化。

可见，习惯的最终形成需要一个持之以恒的训练过程。

很多人对养成一个习惯需要多少天很感兴趣。根据伦敦大学对大学生的研究发现，大学生养成一个习惯，平均需要66天。中国青少年研究中心的课题研究发现，不同的行为习惯形成的时间也不相同，例如小学生养成自己整理书包的习惯需要42天，等等，总之坚持的时间越长，习惯越牢。

通过上面的分析，家长们心里应该有了一个概念，对于习惯的养成不能三天打鱼两天晒网，重在坚持，开始一个月是关键时期。

良好习惯的养成对一个人的成长有着重要作用，好习惯是可以迁移的。孙云晓曾经介绍，自己这辈子就得益于三个好习惯：阅读、写作与合作。

可以说，“学习”“仁爱”“负责”“尊重”和“自制”，是5个有助于孩子健康人格形成的重要习惯。

既然习惯的养成如此重要，那么应该如何培养呢？培养孩子形成一个好的习惯大致可以分为6个步骤——

第一步是提高认识，引导孩子对养成某个好习惯或改掉某个坏习惯产生兴趣，产生一种强烈的认同、向往和自信；

第二步是明确行为规范，让孩子对养成某个良好习惯的具体标准清清楚楚；

第三步是适时进行榜样教育，让孩子对养成某个良好习惯产生亲切而向往的感情；

第四步是坚持不懈的行为训练，让孩子由被动到主动，再到自动；

第五步是及时评估和奖惩，让孩子在成功的体验中养成良好习惯；

第六步是形成良好的环境或风气，让家庭生活和学校环境乃至社会风气，成为孩子形成良好习惯的支持力量。

阅读习惯，受益终身

我特别愿意倡导的是，在所有的好习惯中，让孩子爱上阅读，是一个可以使教育过程事半功倍，同时也让孩子受益终身的好习惯。

这些年，很多专家都提出了阅读在孩子成长过程中的重要性。不过，不少家长的认识还停留在——“阅读无论对孩子的文科学习还是理科学习都有用”——这种“有用论”的基础上。在多年的采访中，很多事例告诉我，阅读的作用绝不仅仅表现在学习成绩上，它将在孩子的整个成长过程中都起到举足轻重的作用。甚至有人提出，阅读缺失的一代，可能会变成最愚蠢的一代。

所以，对阅读的重视不能只是在每年的“阅读日”形成一个宣传的高峰，尤其是随着电子设备的日益普及，越来越多孩子的阅读习惯也日益电子化了，更有必要跟大家好好聊聊科学的阅读习惯的培养。

记得某一年，联合国教科文组织的一项调查显示：全世界每年阅读书籍排名第一的是犹太人，一年平均每人是64本。而中国13亿人口，扣除教科书，平均每人每年读书一本都不到。上海在中国排名第一，只有8本。

这个数据显示的我国阅读状态令人震惊！不少有识之士加入了推动全民阅读的呼吁和行动中。

民进中央副主席、著名教育专家朱永新就是其中之一。他曾有过这样的论述："一个不读书的人是一个缺少精神力量的人。如果把精神成长与躯体成长做个比较的话，躯体的成长更多是受遗传和基因的影响，个体的精神成长却不完全依靠基因和遗传，而与后天阅读息息相关。个体的精神发育历程是整个人类精神发育历程的缩影。每个个体在精神成长过程中，都要重复祖先经历的过程。这一重复，是通过阅读来实现的。"

眼睛永远没有心走得远。这是很多阅读推广人内心的呐喊。

阅读给人带来了无限的想象空间，这是单纯的视觉感知无法提供的。

学者们还有另一层担心。

一位学者在谈到这个问题时说，一个孩子如果在四年级前从未完完整整读过一本书，那么这个孩子就有可能缺乏读完整本书的能力。更重要的是，这种能力是可以迁移的，迁移为对整体事物的把握能力。因此，小时候缺少阅读完整图书的能力，长大后可能会缺乏对整体事物的操控能力。我们都说现在的孩子是聪明的一代，但是只注重学业，正在使他们丧失更多的能力，就有可能成为愚蠢的一代。

其实，绝大多数家长并不反对孩子阅读。

一个专门经营图书的网站公布的调查显示，超过七成的父母认为，读书对孩子的发展“非常重要”。然而在图书的选择上，家长却与孩子有较大不同：孩子最喜欢看的图书类型是“小说”和“人文社科”，而家长希望孩子看的是“科普”和“励志”类的图书。

还有一项调查显示，近八成父母去书店只给孩子购买与学习相关的教辅书或者作文集。访谈中，一些高年级学生表示，每逢新学期开学，老师推荐一些“较好”的教辅书，受到家长们的追捧。

显然，在读书这件事上，某些家长的做法颇具功利色彩。

事实上，如果孩子们可以自由阅读并喜欢上阅读以后，写作能力的提高是一个必然的结果，而“科普”与“励志”的效果，也会随之而来。

我曾经采访过朱永新，他一直在推广阅读，曾经在不同场合强调，“一个人的精神发育史就是其阅读史”。他说，一个孩子即使学习成绩平平，但只要养成阅读的兴趣和习惯，一定比考高分的孩子走得更远。

朱永新如何看待学业与阅读的兼顾问题？为什么在学生时代培养起阅读习惯尤为重要？

“阅读就像美食一样。吃了好吃的东西，就不断想吃；读了好的书，也会让你不断地去找好书读。”说起阅读，朱永新很形象地用美食打了个比方。他还说，阅读会带给人喜悦感、新鲜感，这些最后都会汇聚成精神上的饥饿感。也正是有这种饥饿感作为动力，他每天清晨都比一般人早起两个小时，专心读书。

正如孩子学习语言、音乐、绘画都有不同的最佳时间窗口，这种“精神饥饿感”在中小学阶段更容易形成，——科学上一般认为，人阅读的关键期在14岁之前。

朱永新一直记得一个新疆孩子，名叫塞甫丁·哈斯木拜，是一名中学生。这个孩子所在的学校参与了新教育实验（笔者注：由朱永新发起的一个民间教育改革行动，旨在帮助新教育共同体成员过一种幸福完整的教育生活）。“这个孩子小学五年级的时候才开始接触汉语。”朱永新说，但是，从此之后塞甫丁·哈斯木拜就像一个被饿了很久的孩子，再也丢不下图书了。他用了三四年的时间读了几百本书，在2012年中央电视台评选出的十大读书少年中，塞甫丁·哈斯木拜入围，成为其中一员。

有科学家认为，父母是否在小孩5岁以前经常给孩子讲故事，影响着孩子今后阅读习惯的形成；而人在14岁以前的阅读体验，对其成长也是至关重要的，因为人生以后的历程，只不过是前面14年所阅读的东西的展开。事实上，孩子长大以后，是在运用14岁以前所阅读的东西、所体验的东西、所经历的东西，而从书本当中获得的基本价值观，比如感恩、慈善、友爱等将伴随他们终生。

依据孩子读教科书和课外书的情况，朱永新把孩子分成了4种类型：

一种孩子既不爱读教科书也不爱读课外书，“这样的孩子肯定是愚昧无知的”；第二种孩子既爱读教科书又爱读课外书，“这样的孩子必然发展潜力巨大”；第三种孩子只读教科书不读课外书，这样的孩子可能成绩不错，但是却没有什么发展潜力；最后一种孩子是不爱教科书只爱课外书，“这种孩子也许成绩不理想，但还是有希望的”。

在国家与社会的关注、推动下，中国人的阅读状态如今已经有了可喜变化，中国新闻出版研究院2022年4月发布的调查报告显示，2021年我国未成年人中，每年的平均图书阅读量，0~8岁为10.33本，9~13岁为10.21本，14~17岁为13.1本。

还有一点也很重要。我曾经听一些家长这样抱怨过：家里的书是不少，可是孩子不读，总不能逼着他读吧？

确实不能逼。那该怎么办？

在一个家庭教育论坛上，一位专家在现场问了这样一个问题：“给孩子买几百元的书和跟孩子一起读一本书，哪个更重要？估计不少人会回答后面一个重要，但是真正能做到跟孩子一起阅读的家长又能有几个呢？让孩子爱上阅读，应该从家长爱上阅读开始。”

给您的第三把钥匙：管理好孩子的手机

“不碰手机，儿子是天使。只要拿到手机，天使瞬间就变成了小恶魔。”北京的初一学生家长华欣说。

不久前的一个夜里，华欣起床喝水，突然瞟见儿子房间里闪过一道微弱的光。华欣很纳闷儿，便轻轻地走进儿子的房间，并没有发现什么异常，儿子也闭着双眼，似乎已经睡着了。

华欣离开前，准备把放在儿子枕边的手机换个地方。“刚一碰到手机我就发现，手机是热的，甚至有些烫手。”华欣说。

就在华欣还没反应过来怎么回事儿时，儿子突然坐了起来，从华欣手中抢过手机，瞪起了眼睛。

这让华欣感到震惊。而更让她震惊的，是儿子眼中冷漠的目光。

就在一抢一夺之间，亲子之间的和谐不见了，家庭矛盾也随之升级。

明摆着，问题不就出在手机上！

现在家庭教育中最大的难题是什么？相信不少家长都会投票给手机，甚至有些家长把手机称为家里的“不定时炸弹”，很多家庭矛盾都由它而起。有不少家长对我说，如果孩子没有接触手机的话，很多事情都还能规划，一旦跟手机扯上关系，规划根本无从谈起，连正常的亲子沟通都不可能了。

不久前，共青团中央维护青少年权益部联合中国互联网络信息中心（CNNIC）首次发布了《2020年全国未成年人互联网使用情况研究报告》。该报告显示，2020年，我国未成年网民达到1.83亿人，互联网普及率为94.9%，超过1/3的小学生在学龄前就开始使用互联网。同时，手机是未成年网民的首要上网设备。

这是一份针对全国近3万名小学、初中、高中及职业学校学生的抽样调查，他们中有“00后”，更多的则是“05后”和“10后”。

数据表明，网络对于“05后”和“10后”这一代孩子，已如空气般存在。与上一代不同，他们与网络之间的桥梁，已从电脑变成了更为便捷的智能手机。

而将这些抽象的数据还原为真实的家庭生活时，痛苦和冲突随之而来。

当家长们对手机“恨之入骨”的时候，中国社科院社会学研究所研究员、时任青少年与教育社会学研究室副主任朱迪告诉家长们:“网络里也有风险，面对网络风险时大多数青少年的处理方式是‘不理会’。”

她所在团队的研究显示，如果选择分享所得信息的话，孩子告诉同学的比例是16.24%，高于告诉父母的15.29%。按理说，父母本应该是孩子最信任的人，尤其是在遇到危险时。但事实是，青少年在面对网络风险时，他们更多的时候选择沉默，或者考虑告诉他的同辈朋友，之后才是家长。

手机并不是问题的关键症结，手机冲突的背后是父母正在失去孩子的信赖。

“研究表明，青少年上网所做的事情排名第一的是学习，包括查资料、传递作业等等。排第二的是听音乐，排在后面的是游戏、聊天以及短视频。”中国人民大学教授、中国心理学会理事雷雳说，从这个排序来看，问题并没有家长想象得那么严重。

一名中学生曾经这样对我说:“爸妈拿着手机就是在工作、在查资料，怎么我一拿起手机就是玩儿游戏？他们越这么说，我就越玩儿。”

北京市家庭教育研究会秘书长恽梅指出，现在的家庭教育中有一种“经验性伤害”，就是父母总带着自己过去成长中的经验去要求现在的孩子。

所有家长应该意识到，我们已经进入了“后喻”时代了，——家长不能再把原来的经验用在家庭教育上，必须跟孩子一起学习。只有如此，才能真正了解孩子，在此基础上才能找回原来的信任。

近几年我做过一些青少年使用手机的相关报道，大多写的是手机带来的“痛”：手机游戏让孩子成瘾之痛，父母无法管控之痛，手机负面信息危害之痛，手机让两代人产生隔阂之痛……

一位中学班主任告诉我，现在家长对孩子的手机管理存在着两种截然不同的态度：一种是“严防死守型”，严格限制孩子使用时间和次数；另一种是“自由放任型”。

其实无论是“严防死守”还是“自由放任”都是极端的做法。无论哪种态度，反映出来的都是家长在孩子手机管理上的“力不从心”。

一位家长这样说：“每次我从女儿手里抢走手机后，换回来的总是她歇斯底里的情绪发泄。我知道，我能心平气和地从她手里拿走手机的机会越来越少了。”

“现在，未成年人的网络使用给家长或监护人提出了更高的要求。”中国青少年研究中心少年儿童研究所所长孙宏艳说，保护未成年人健康使用网络，是成年人义不容辞的责任。但是现实中很多家长却常常不知道用什么方法、什么工具对孩子进行管理更有效。还有一些家长干脆就不管了，认为孩子沉溺网络、沉溺手机完全是网络平台的责任。

并不是所有的家长都焦头烂额。

作家徐先生，是两个孩子的父亲，一个孩子已经上了大学，一个正在上高一。

跟很多家长对手机、电脑“避之唯恐不及”的做法不同，徐先生让两个孩子分别在3岁多的时候就拥有了自己的台式机、五六年级时又有了手机，并有了各自的微信。

在教会了两个孩子网上买书之后，徐先生也就没再教过他们如何使用互联网。两个孩子自己买书，自己摸索学会了“小报”的电脑排版、PPT制作、思维导图制作和视频剪辑。除了孩子小的时候，徐先生对他们每天的屏幕娱乐时间进行过规定外，对于孩子的网络使用他只提了两个要求：“不许玩太暴力的；不许沾色情的、少儿不宜的。”

有人可能会说徐先生的做法要么是过于自信，要么就是“放弃疗法”。人们不知道的是，十几年来，徐先生家里一直保持着一家四口利用吃饭时间聊天的习惯。而且徐先生还通过与孩子一起阅读等方式，引导孩子形成了行为规范的“边界感”。

“其实，对未成年人的教育是否有效，最终还是会回到亲子关系上来。”孙宏艳说，孩子不可能生长在无菌的环境中，与其一味禁止，不如适时引导。

在孩子刚刚开始使用互联网的时候，通常会乐意跟父母分享自己觉得有趣的发现，家长要善于抓住这样的机会，尽可能参与其中。两代人一起游戏或者一起讨论，在陪伴过程中潜移默化地进行引导。

“因此，做网络‘原住民’的家长，必须努力提升自己的媒介素养，只有这样才能真正承担起监护责任。”孙宏艳说，同时，学校、民间机构、企业等也可以通过家长课堂、家校合作、服务平台或管理工具等为家长“赋能”。

孙宏艳介绍，研究发现，网络使用不健康的未成年人，大多具有如下特征：学习负担更重，与网友沟通多与家人沟通少，家里缺少尊重自由的氛围，亲子沟通渠道不畅，生活中心理压力较大，经常感到孤独、被看不起，缺少朋友和休闲时间，没有生活目标与方向……

“从这些影响因素可以看出，未成年人在网络产品使用上表现出来的很多不当行为，与他们的生活状态关系密切。可以说，大多数是未成年人生活中的问题在网络上的集中体现。”孙宏艳说，因此，建议成年人要关照未成年人成长中的困惑与困难，大力优化未成年人的成长环境，尽量减少影响未成年人成长的不利因素。

就在家长为手机而烦恼时，有些孩子已经就这个问题进行更深入的思考了。

见到北京高一学生冯瑶的时候，她正处在对手机“又爱又恨”的状态。在一篇随笔中她这样写到：“喜欢打游戏的同学打开视频软件，推送过来的总是《英雄联盟》新玩法，而喜欢养宠物的同学打开手机必然是各种萌宠的刷屏……这样一来，我们能接收到的信息便被单一化了，不幸的是这是我们无法控制的。”

冯瑶意识到的问题，也是整个社会关注的焦点问题。人们把这种现象称为“信息茧房”，是指人们关注的信息领域会习惯性地被自己的兴趣所引导，从而将自己的生活“桎梏”于蚕茧一般的“茧房”中。再加上，互联网平台熟练使用“大数据+算法”的方式精准推送，成年人都很难逃脱，遑论孩子？

要防止青少年的网络沉溺，但是绝不能用“堵”的办法，更不能不让青少年接触网络。

发展中的的问题要在发展过程中解决。家长该做的是，在遇到问题时要跟孩子站在一起，彼此信任，而不是把孩子推到对立面。如果这样，孩子很有可能与网络一起站在我们的对立面。相信这是每一位家长不愿意见到的结果。

给您的第四把钥匙：以喜悦之心迎接孩子的青春期

青春期，一个亘古常新的话题。

与以往不同，由于科技的高速发展，今天的孩子既被海量的信息武装，又承受着由学业与成长带来的巨大压力；今天的父母也与以往不同，他们既接受了新教育理念的洗礼，又没能彻底摆脱传统教育观以及应试教育所形成的思维惯性。因此，在当今的家庭中，青春期成为家庭矛盾的集中爆发期，由青春期引发的教育问题正在困扰着不少中学生和他们的家长。

家长必须学会与青春期孩子的相处之道。

有一次采访，是从家长的3个电话开始的。

“我今天出现的目的就是为了让所有员工都知道，改变是从更换供应商那一刻开始……”

“他是不是又在玩儿游戏?！老师打电话告诉我，他又有4项作业没有完成，气死我了……”

“干吗呢？……可以，咱们俩商量好，玩儿半个小时之后就去把作业完成了……”

一个周五下班回家的地铁上，北京的金女士在10分钟之内打了3个电话。这3个电话让金女士完成了3种身份的转换：第一个，她是一个小餐饮公司的老板，正在向合作伙伴重现当天下午为公司转型完成的总动员，话语间气势磅礴、充满了自信；第二个，她是妻子，在向丈夫转述与孩子班主任的通话内容，言谈间既有气愤、发泄，也有指责；第三个，她是妈妈，而且是一个青春期孩子的妈妈，虽然电话内容与上一个电话大致相同，但是语气、语调中收起了前面两个电话的气势，转变为商量与讨好。

“以前，我也要经常进行身份的转换，但是自从儿子进入青春期后，每次打电话之前都要酝酿一下情绪。儿子在学校状况不断，刚刚班主任老师告状说他不仅在音乐课上顶撞了老师，而且还不完成作业。为了不跟儿子频繁起冲突，我每次沟通之前都要在心里默念‘亲生的、亲生的’……”金女士说。

这是一个被青春期“撞弯了腰”的家庭。

虽然，青春期早已不是什么新鲜话题，但是，对于每一个正在经历孩子青春期的家庭来说，所有的问题都是新鲜而棘手的。而且，这一代孩子的青春期，似乎更让人看不懂。

有位家长这样总结：自己上一代人的青春期似乎可以忽略不计，两代人之间有分歧，但是通过充分沟通还有望达成理解，最多可以称为“代沟”；到了自己这一代，青春期的到来就如同火山爆发，猛烈而难以抵抗，两代人的冲突水火不容。但是，火山喷发总会平静，实在不行还可以“熬过去”。

而当超过一半的“00后”进入青春期后，家长们才发现什么才叫真正的“排山倒海”，什么才是真正的“难以捉摸”。不久前，上海一位17岁的学生在车水马龙的卢浦大桥上纵身跳下。我们不知道那个夜晚他与母亲间发生了什么，但是当看到视频中的母亲在桥头捶胸顿足时，相信，成千上万个青春期孩子家长的内心是惊恐而崩溃的。

“我和儿子之间不仅有代沟，我们之间还隔着无边无际的互联网。我不懂他的游戏，不懂他的‘几次元’，不知道他会什么时间、因为什么事情就火山爆发。”金女士说，作为一个“00后”青春期孩子的家长，每天既要忍受与孩子激烈冲突的痛苦，还要面对自己毫无办法、束手无策的尴尬局面……

一位专家曾经这样问我：知道青春期的孩子为什么特别喜欢网络、音乐和游戏吗？

相信很多家长跟我一样想知道答案。专家说，每一个青春期的孩子，都有一个成长中必须完成的心理发展任务，就是解决自我认同的问题：要搞清楚我是谁，别人怎么看我，我的未来什么样。网络恰恰给青春期的孩子提供了探索的平台和空间，而且，在网络中犯错需要付出的代价也比较小。比如，一个男孩子在现实社会中穿裙子上学去，可能会“社死”，但是在网络上，大不了改回来就行了。

所以，家长首先要明白，青春期是孩子成长必经的过程，不可能不出现，也不可能跨越。家长要做的是正视它，善待它，与它和解。与青春期和解，就是与孩子和解，也就是与自己和解。

我有一个微信小“好友”，名叫静馨。我们相识时，她刚刚进入北京一所不错的中学，文静、内向的她两三个月也不会更新朋友圈。

不过，后来她变了。

这是中考“一模”前一个晚上她的状态：整晚都坐在书桌前，11点多了，妈妈耿女士在门外催促她睡觉，眼里满是疼爱。

不过，这个午夜静谧的房间里，只有书桌上那几本教科书是真正安静的，而静馨的内心和手中的手机都热闹非凡。

“昨天那个小黄片儿，谁能再传给我？”静馨在一个群里说。

“王者？有无？”静馨同时在朋友圈里发出了游戏邀请。

“排好队排好队，老公易烊千玺来了。”几分钟后，静馨又发了几张偶像的图片。

“票圈里没有男朋友的，是不是只有我一个？”静馨的朋友圈里又多了一条……

静馨从一个安静的女孩变得让人几乎不认识，也就一年的时间。

这一年，她更新朋友圈的次数急速增加，所发内容的尺度也越来越大。最初还只是晒晒上学路上偶遇的帅气男孩的照片；后来她在朋友圈就“不干净”了，脏话脱口而出；再后来，她开始喜怒无常，前一秒还在跟别人激烈地互怼，后一秒又幽怨地说，“我活着就是招人烦的，如果下一秒被车撞死，是不是就解脱了？”不过，几分钟之后她可能又会发一个坏笑的表情，进而说“吓吓你们，我才不会那么傻”。现在，她开始天天在朋友圈里“求男友”，甚至还发过几张赤裸裸的充满了性暗示的图片，有些图片连成年人都觉得太辣眼睛。

青春期如此可怕吗？这么快，一个文静的小姑娘就变为一个“女流氓”？

“这其实反映了互联网背景下青春期的一个特点。”中国青少年研究中心少年儿童研究所所长孙宏艳说，家长要时刻意识到，这一代孩子的青春期已经与网络牢牢联系在了一起，因此，他们的青春期就会具有网络时代的独特性。

独特在哪里？

成年人不要太敏感，互联网上那个“张牙舞爪”的“怪物”，不一定是孩子真实的样子。孙宏艳说，与以前相比，现在的孩子课业压力更大，他们的校内学习和课外辅导常常是无缝连接的，互联网对于这些孩子来说，不仅是一个社交平台，而且也成了他们躁动的情感、无处宣泄的情绪的出口，他们可能会把自己内心最狂野，甚至最不堪的那一面展现在这个“看得到但摸不着”的地方，他们可能在网络上展现出一个“臆想出来的自己”。

专家说的不无道理。

一年前，静馨在朋友圈将父母屏蔽，因此，耿女士不知道女儿在网络上的面貌。不过，耿女士对进入青春期的女儿也有很多抱怨：“走到哪里都拿着手机，手机密码还经常换”，“在我们面前总是冷着一张脸，但是却会时常对着手机发出很魔性的大笑”，“学习成绩下降却越来越任性，经常熬夜玩手机”，“批评不得，只要听见不爱听的话就咣当一下把门撞上”……“但她也会时常关心我，有一次她与爸爸回老家，在飞机场还不忘提醒我：‘晚上一个人在家记得锁好门！’”

到底哪张面孔才是真的？

“如果家长没有非比寻常的强大内心，不要强行进入青春期孩子的世界。”孙宏艳说，有些看起来很恐怖的内容，就是孩子的一种宣泄，家长“炸锅”后，可能导致孩子更加疏离。

也许，对于这些正处在青春期的“00后”来说，线上、线下就是两个截然不同的世界，他们可以很自如地在两个世界间辗转腾挪。

但现实是，“天使与魔鬼只差一步”——线上、线下两个世界之间的那道门一旦打开，就很难再合上。

“我父母工作很忙，刚上中学的时候，他们怕我在外面玩不安全，因为我家离公路很近，而且家不远的地方就有一条河，所以规定我放学必须马上回家，于是我就开始上网玩游戏打发时间。”现在深圳读高一的男孩马嘉在接受采访时这样说。

最初，马嘉只是为了打发时间，但后来发现，“游戏实在是太好玩了，在游戏中我可以构建自己的队伍，我可以战无不胜!”马嘉的故事让人觉得眼熟——我10多年前就接触过很多游戏成瘾的青少年，当时专家就指出，青少年之所以沉溺于游戏，就是想要打发无聊时间，找到成就感，然后沉醉其中。

所不同的是，现在的网络游戏在让孩子玩耍的同时，还组建了一个社交平台。这对于那些正处于青春期的、自我意识一天天膨胀的、想倾诉而又不愿向父母倾诉的“00后”来说，无异于打开了一个新的世界，使得他们流连忘返。

越是沉溺于网络就越不愿意与父母交流，越不交流就越产生隔阂，而隔阂越多就更不愿意交流……在这样一个死循环中，孩子们陷入更深的沉溺。

一旦真的沉溺其中，孩子们也会痛苦。“我管不住自己，上课也会悄悄把手机拿出来发上一条朋友圈。也没什么特别要说的，可能就是发个表情包，说一句无关痛痒的话，然后一会儿拿出来刷一下看有没有‘点赞’，有没有回复。最希望看到有人嘲笑我，这样我就可以开骂了。”静馨说。

无论是沉溺而享受还是痛苦而不能自拔，网络成了孩子与父母矛盾的导火索。“我爸已经摔了我3部手机了。”静馨说。

“我爸爸的办法是藏路由器。”马嘉说，有段日子马嘉只要回了家，第一件事就是翻箱倒柜找路由器，找到了就拼命上网，然后在估算出父母到家时间之前把路由器再放回原处。

但是，有一次爸爸回家时间比估算的早，马嘉没来得及把路由器藏回原处。爸爸暴怒了，随手拿起身边的一个衣架就打在马嘉身上，打疼了，马嘉便反抗。那一次大闹之后，马嘉和父母的矛盾彻底升级，与爸爸的关系也进入了“冰河期”。“现在，只要看见他在哪个房间里，我就绝对不会进去。有时，他会追着我说几句话，我基本是不回答、不说话。”马嘉说。

专家指出，家长要时刻提醒自己，这一代孩子的青春期是与网络密不可分的，“而在互联网上，最大的一个规则就是平等。”孙宏艳说，作为网络的“原住民”，这些“00后”的潜意识里已经根深蒂固地形成了平等的意识。父母越强力禁止，孩子的反抗就越激烈。

不少家长不同意这样的观点，认为就是自己一直对孩子太尊重太平等了，才会造成孩子现在这个样子。

一位专家指出，孩子小时候父母所表现出来的尊重和平等，其实并不完全，因为那时候的孩子还需要家长的照顾和引导。但是，青春期的孩子却打心底里想摆脱这些，他们不需要父母高高在上的平等。不过许多家长并没有意识到这些，往往还在因循着过去的做法。

孙宏艳记得，自己女儿青春期时，有一次她正因为女儿犯的错误而大加训斥，恰巧这时单位同事的电话打了过来，“我马上调整情绪和颜悦色地讲电话。”孙宏艳说，电话结束后，女儿平静地回了一句：“我要是你的同事就好了。”

孩子的话正好点到了关键。当家长不知道怎样做到与青春期的孩子平等相处时，那么请把眼前的孩子当成自己的同事、朋友，甚至领导。

被网络“笼罩”了的青春期如此恐怖，有没有人能够幸免？

“青春期一定会来。”中国矿业大学（北京）心理健康教育咨询中心主任刘海娟说，因为青春期是人一生中生理发育的关键时期，只有走过了青春期，一个人才能真正走向成年，成为一个成熟的人。在这样一个自身生理、心理严重碰撞的时期，孩子出现逆反、与家长发生冲突，是最正常不过的事了。

与其说青春期一定会来，不如说叛逆一定会来。

“现在孩子的叛逆期来得越来越早，一个孩子就因为没完成作业被老师和家长批评了几句，就闹着不上学，还要离家出走。”一位小学六年级的老师说。

确实，近年来很多研究都指出，由于生活水平、教育水平的提高，孩子的青春期确实正在提前到来。

不过，与此相反，另一个现象也应引起我们的注意——青春期的延后。

很多正值青春期的孩子，因为面临中考、高考等繁重的学业压力，所有时间都被占用了，再加上父母的过分迁就或者过分控制等原因，在该逆反的时候没有出现明显的逆反，乃至延后到了大学期间。

一位家长曾经给我看过她初三儿子的照片。图片中的男孩正坐在书桌前，虽然坐着，仍然能看出他个子已经很高了，鼻子下方茸茸的胡楂隐约可见。不过男孩子的打扮让人看着很不舒服。

他身上穿着一件毛茸茸的衣服，头上戴着的毛帽子有两个长耳朵，男孩子把自己装扮成了小兔子。

这位妈妈告诉我，身边很多家长已经被青春期的孩子弄得焦头烂额，而她似乎没有这么受折磨，很多家长羡慕她有个乖儿子。

不过，闫女士也发愁，因为她每天晚上都要哄着“乖”儿子写作业：先让儿子玩半小时游戏，再写半小时作业，然后，儿子又会提出条件，比如跟妈妈躺一会儿聊会儿天。这张照片记录的是儿子要穿着兔子的衣服写作业。

闫女士是一个企业的高管，工作很忙，从儿子上学起便把日常带孩子的任务交给了丈夫。虽然闫女士平时管得不多，但却是家里说一不二的角色，家里的大事小事基本都是她说了算。

自从儿子上了中学，闫女士也从管理岗位上退到二线，本以为可以轻松一下了，但是儿子的过分乖巧，让她很着急，“别人觉得他乖，我却觉得他怪。”

“青春期该叛逆而不叛逆，这种情况更恐怖。”心理老师刘海娟说，那些生理上到了成年但是心理上仍未“断奶”的“妈宝男”就是这样产生的。

人生就像一部精密的计算机，到了什么年纪就要启动什么程序，是不能跳过的。如果跳过，很可能造成一连串的连锁反应。

既然青春期是人生中必然要启动的一道程序，“那么就请用喜悦的心情来迎接青春期，迎接孩子的逆反。”孙宏艳说，因为，争论和争吵，说明孩子的逻辑思维进入了快速发展期，对很多问题有了自己的看法，正在由感性变得理性；对父母的不礼貌、刻薄甚至挑剔，说明孩子自我意识也在飞速发展，他们正在心目中建立一个自己理想的王国，他们在头脑中已经有了理想的父母、理想的社会、理想的爱情的样子，而有了理想的模样，孩子才会有追求的动力；那些有如过山车般起伏的情绪，说明孩子更加在意别人对自己的评价了，由于生理发育给身体带来的变化，让青春期的孩子或多或少有些自卑和敏感，因此，可能别人一个眼神就能造成孩子情绪的大起大落……

给您的第五把钥匙：学会放手

云惠正在上高一，她的青春期正好碰上了疫情。

最让她烦心的是，因为疫情外出的机会少了很多，好不容易盼来了跟同学一起出门的机会，妈妈还总是要跟着。

云惠的妈妈卢锦，虽然也知道孩子进入青春期后更独立、更愿意跟同伴在一起，但是她又担心几个十几岁的孩子单独外出会不安全。于是，每次云惠外出，卢锦都会提出要开车接送。

一个要送，一个不让送。两个人没少为这事争执，矛盾终于爆发。

某个周末清晨，卢锦听到卫生间里传来女儿洗漱的声音。没过多久，她便听到了门的响动。卢锦突然清醒了——这是女儿出门了！冲出卧室，她看到女儿留在餐桌上的纸条，说跟同学一起到一个购物中心逛街。

这个购物中心距离卢锦家大约20公里。卢锦立刻拨通了女儿的电话，表示要开车送她。女儿回答要跟几个同学一起打车过去。

卢锦还想继续劝说，女儿却挂断了电话。

“这孩子为了躲着我，开始偷着往外跑了！”卢锦想到这里非常气愤，紧跟着脑子里又蹦出了一连串的不安：“她们叫不到车怎么办？”“司机是坏人怎么办？”……于是卢锦顾不上洗漱，随便套上一件衣服就出了门。

卢锦发现女儿跟3个同学上了一辆出租车，便也叫了一辆出租车追上去。在车上，卢锦迅速与另外3个孩子的家长取得了联系，告知他们自己正在追赶这几个女孩，自己会安排好孩子们的午饭，并保证最后把她们送回家。

卢锦到达目的地时，女儿和同学正准备过马路。这时，同行的孩子发现了卢锦。卢锦以为孩子们会停下来，没想到，女儿反而拉着同学快跑起来。

一路追赶已经狼狈不堪的卢锦看到女儿这样，彻底崩溃了。她停下了追赶的脚步，用足了力气吼道：“满意（女儿的小名），你给我站住！”

这个歇斯底里的声音把卢锦自己也吓到了，路人的目光都看向了卢锦和正在狂奔的几个小姑娘。

“我到现在也忘不了，女儿回头看我的眼神儿，充满了震惊和厌恶。”卢锦说。女儿被同学拉到卢锦身边，她没有抬头看妈妈，只大喊了一句：“你太讨厌了！我都被你毁了，你到底要怎样?!”

“青春期是一个分离个体化的过程。”中国矿业大学（北京）心理健康教育咨询中心主任刘海娟说，在进入青春期后，青少年开始有了自己内心的秘密，需要一个自己的空间；不喜欢和父母出行，喜欢和同龄人交流；很多时候，他们有与父母不同的想法，用叛逆表明自己有独立见解，而他们也有被理解、被尊重的需要。再后来，他们会刻意保持与父母的不同，父母赞同的往往就是他们不赞同甚至是反对的，他们不断地挣脱父母的管教。

显然，卢锦的所有做法恰恰都是女儿最反对的。

还有些专家认为，青春期的冲突其实很多时候是家长没有处理好情绪造成的。十几岁的孩子已经有了基本的是非观，他们并不是“不知道应该怎么做”，而是在逆反的情绪下“偏要怎么做”。这个时候，如果家长成为最先爆发、最先崩溃的那一个，就已经输了。

对于青春期的孩子来说，学会控制自己的情绪是青春期的重要一课，而卢锦的做法恰恰做出了一个很坏的榜样。而且卢锦的做法让女儿感到在同学面前丢尽了脸，让她第一次感到了对妈妈的厌恶。

孩子反感，家长也不好受。

很多家长在说到自己跟青春期的孩子很难相处时总会提到一个词：委屈。“我已经很注意了，现在跟他沟通之前总要在脑子里反复打几遍草稿。”不少家长这样说。

一位专家说，青春期的孩子最不喜欢家长唠叨，而爱唠叨的不仅是妈妈，爸爸的“讲大道理”是让青春期的孩子更烦的一种唠叨，因为在他们看来，爸爸们在讲大道理之前，往往已经在心里认定了孩子是错的。

“人的成长过程中会发生两次分离，一次在早期婴儿阶段，另一次发生在青少年时期。”刘海娟说，在第二次分离阶段，青少年会试图摆脱婴幼儿时期所内化的父母形象，脱离对父母的情感依赖，重新建构自我，成为真正心理上独立自主的个体，在心理上与父母分离。在这个阶段，青少年一方面害怕失去与父母的情感联结，期待与父母能有紧密的关系，特别是在遇到困难的时候；另一方面又害怕被控制、失去自主性，竭力希望远离父母，保持距离。

在专家看来，青春期孩子与父母之间的错位，往往根源在家长，家长确实应该特别注意调整好与青春期子女的关系。

不过，有些家长走向了另一个极端：只要发现孩子的情绪不对就闭嘴，甚至完全采取了放任的态度。

这也是一个误区。

一位专家说，不要轻易与青春期的孩子起争执，但是依然还要守住教育的底线，比如，孩子的行为不能损害生命健康，还要符合道德标准等等。

周佳的青春期叛逆是伴随着对自己容貌的极度不满意而来的。当时她正在上初二，突然有一天发现自己脑门儿上长了几个痘痘。那些天，周佳觉得每个看向自己的人都会瞟几眼自己的额头。从那天起，周佳开始尝试各种办法，用刘海遮挡、用遮瑕霜，再后来父母带她去了一家权威的医院，医生告诉她这与青春期内分泌不稳定有关。

各种方法见效都不明显，周佳开始在网上找出路，无论是“偏方”还是“祖传秘方”，都要试一下。周佳的父母也阻止过，但是，她根本不听劝，而且只要父母一批评，她就哭闹。

看到周佳情绪这么激动，父母便不再劝了，但是减少了周佳的零花钱。周佳便省吃俭用，继续在网上买药。

一次，为了买药，周佳偷拿了妈妈刚刚从银行取出的5000块钱。这一次，爸爸妈妈急了，轮番教训周佳，甚至动起了手。周佳哪里被父母这样对待过，大吵起来，差点儿离家出走。

专家指出，家长的底线一定要清晰，要让孩子明白哪些是可以做的，哪些是绝对不能做的，并且在孩子刚开始触碰底线时就及时制止。青春期的孩子并不只是叛逆，当他们遇到挫折时，也期待父母的帮助。但是，有时家长仅仅为了与孩子少起冲突就放任不管，在这个过程中也失去了及时给孩子纠正方向的机会，等孩子酿成大错时再管，不仅会引发更大的冲突，而且也有可能会给孩子造成伤害。

“家长在与青春期的孩子相处时要把握住三点。”刘海娟说，第一要放权，父母要接受现实，青春期的孩子一定会从一个被父母呵护的状态走向独立自主，父母要学会把孩子成长的主动权交给孩子。第二是做到“不求不助，有求必应”，家长要给孩子成长的空间，甚至是试错的空间，做到“不求不助”，但同时还要做到“有求必应”，孩子遇到解决不了的困难时，要及时给予帮助，家长要成为孩子内心的“安全基地”。第三，“家长要保持与孩子的情感联结。能够接纳孩子情绪上的起伏，包括这个年龄特有的‘爱恨情仇’，有了支持和接纳，孩子才能够让父母看到自己的思想，父母也才能够在孩子遇到挑战安全底线、道德底线的情况时及时给予指导和保护”。

如何与青春期孩子相处？如何在与青春期的孩子相处过程中给予他们最需要和最正确的帮助？相信还有很多把“钥匙”，正所谓办法总比困难多。

其实在与青春期的孩子相处过程中没有“万能钥匙”，因为每个孩子都是独特的，最了解孩子的是父母，只要父母能够打开格局，站在孩子终身发展的立场上规划孩子的人生，与孩子和睦相处，积极互动，在这种背景下自然而生的那个方法，一定就是最正确的方法。

为人父母不容易，何况不少父母还是“第一次”，期待更多智慧家长的教育故事。

第五章　做真实的自己，收获成功的自己

有句话说得好：鸡蛋，从外打破，是食物；从内打破，是生命。人生，从外打破，是压力；从内打破，是成长。

孩子们最给人惊喜的，是他们身上迸发出的成长的力量。

从大学开始创业

把打印机缩小到钱包大小并实现随时随地打印，磁悬浮胶囊机器人让胃肠道检测不再痛苦，制成口服幽门螺杆菌疫苗攻克医学难题……

你能相信吗，这些既接地气又充满创意的科研成果都来自刚20岁出头的大学本科生。这些年，我有过几次到“互联网+”大学生创新创业大赛上进行采访的经历。那些脸上稚气未脱的大学生真的很令人振奋，他们中的很多人拥有多项国家发明专利，还有不少人创建了自己的公司，并有着不错的发展前景。

更令人欣喜的是，现在已经有越来越多的大学生，正在加入

这个创新创业的行列。

我们来看一组数字，截止到2021年，“互联网+”大学生创新创业大赛已经举办了7届。首届中国“互联网+”大学生创新创业大赛时，报名参赛的人数为20万，之后，报名人数呈二三倍地迅速增长，第二届达到了54.5万人，第三届上升到了150万人，2021年，报名人数已经达到了956万人。

据教育部公布的数据，7年来，累计共有603万个团队项目2533万名高校学子参与到了这项赛事中来。

还有很多大学生虽然没有参加比赛，但是也对自己的人生有非常清晰的规划，每一步都走得清醒而坚定。

同时，越来越多的中学生也加入了这个行列，他们有自己的兴趣爱好和特长，并且坚持“做自己”，很早就对自己的将来做好了规划。

在创业中找寻真实的自己

“我大一就加入了现在的科研团队。”北京航空航天大学学生赵嘉伟说。他们团队的参赛项目，是应用于胃肠道检测领域的磁悬浮胶囊机器人。与目前普遍存在的胃肠道检测方式不同的是，他们的胶囊机器人可以在胃部做磁悬浮运动，检测过程可以更大限度地减少被检测者的痛苦和可能出现的创伤，同时还能大幅提升胃肠检测的智能化程度。

我在采访中发现，不少大学本科生的项目与普通百姓的生活联结得更为紧密。因为接地气，他们的创新项目更加让人耳目一新。

与有着更多科研积累的硕士生、博士生相比，这些本科生的面孔确实显得有些稚嫩。但是，在科研这条道路上，年龄小不一定是劣势，他们反而有着无所畏惧的冲劲和闯劲。

浙江大学学生陈天润所带领的团队，发明了便携式自行走打印机GoPrint，其创意就来自寝室内的一次次天马行空的“海聊”。

陈天润认为自己是个“比较会搞事情”的人，他觉得打印机不一定非要固定在房间里，也不一定只能打印在A4、B5这样固定大小的纸张上，如果打印机能够随身携带，而且在任何想打印的地方，比如墙面、衣服上，都能打印，“一定是一件挺有意思的事！”于是，几个同学在寝室中一拍即合，便开始了发明。

这个来自寝室中的创意，最终在2022年的世界“互联网+”大学生创新创业大赛中冲进了最终的冠军争夺赛，与来自国内外的另外5个团队同场竞技，最终获得了年度季军。

在采访中，很多学生都提到了学校的创新创业教育给予自己的帮助。

如今，随着“互联网+”创新创业大赛的不断深入，越来越多大学生创业者已成功走出校园，很多高校形成了很浓的创新创业氛围，同时，也给高校的教育、教学带来了新的变化。

“我们刚进入大学就有了导师，每个导师都有自己的课题，会定期跟我们沟通。”北京航空航天大学学生王新阳认为，学校这样的做法可以让学生刚迈入大学就能迅速进入科研状态，为创新创业打下基础。

很多学校都有类似的做法。

南昌大学女生刘淼文介绍，自己进入大学后经过选拔被列入了学校的卓越医师教育培养计划，“我们这个班最大的特色就是教学模式的改变。我们会很早接触临床，从一进校门就能了解到临床中实际面临的问题和难题。”

刘淼文很早就确定了自己的研究方向——制成口服幽门螺杆菌疫苗。经过几年的钻研，刘淼文和她的团队取得了很大的研究突破，现在该项目已经拥有相关的4项授权发明专利、两项正在审批的发明专利，还发表了相关SCI论文14篇，以及1项科技查新报告。

除了帮助本科生尽快提升科研能力之外，不少学校也为学生创业提供了帮助。

来自西安交通大学的王曲歌介绍，自己所在创业团队的第一批产品，就是在学校的共享平台完成的，“我们的项目要创建自己的设备，但需要通过其他的设备才能创建出来，而这个前期设备就算买二手的，也需要三五百万元的投资。”

好在西安交通大学构建了八大学科交叉平台和创新创业实践基地，可提供研发与测试软硬件平台，用于学生开展创新创业训练和样机研制，同时还有从种子基金到天使基金的资金支持。

这么多大学生走上了创新创业之路，有人提出了这样的疑问：大学生创业，有几个能成功？

而我认为，对于这些大学生，在创新创业过程中所收获的成长，应该比最终的成功更为重要。

西安交通大学学生范怡然，从一进校门就被学校浓厚的创新创业氛围感染，有了创业的念头。

当时她的想法非常简单："我想应该从创业所需要的不同专业范围里各找到一个同学，组成团队，成立一个公司，然后每个人负责自己那个领域就可以了。"她的理解，就是"在学业之余进行创业"。

在刚入大学校门的范怡然看来，创业就是一个重量级的选修课。

带着这样简单的想法，范怡然加入了学校"创业牛人"潘远志的团队。而真的进入团队之后她才知道，创业没有自己想的那么简单。首先，"时间不是由我来选择的。可能我正有课或者正在复习考试的时候，公司就有业务需要我去办理。"范怡然这样说。

慢慢地，她学会了"创业之余学习"。她将创业事宜放在首位，然后只要稍有空闲，她就会把落下的课程补上，或者先预习后面的课程。

我在采访中发现，几乎所有的本科生创业者都有继续上研究生深造的打算，甚至有的已经保送了"读博"。

"如果想让自己的团队和公司有一个更好的前景，只有本科所学的知识是完全不够的。"在本科阶段就创业，现在刚刚进入研究生学习的北京理工大学学生王云川说。

创业的过程，是不断颠覆自己的过程。

王云川的创业项目是海上智能组网终端。据他介绍，现在我国大型渔政船装备有卫星电话，但是小型渔船无法配备，因此很多小型渔船出海10公里之后就联系不上了。他们的研究项目，就是要改善近海渔船海上通联手段落后的现状。

“以前我想得很简单，以为从科研到实际应用只有一步之遥，我们研究出来了，渔民出海就可以使用。”王云川说。

经过创业的历练王云川明白了，要想把设想变成设计，再变成科研成果，还需要把成果经过反复试验成品化，能够应用，然后推广到市场……还要走很多步，而且每一步都不容易。只有不断地丰富自己，开阔自己的视野，才能最终实现目标。

在这个创新创业的过程中，已经有越来越多的大学生走出“象牙塔”，把自己所学与社会生产生活实践结合起来，寻找创新的新起点。

创业者往往不走寻常路

曾经，一说到灵活就业，就被认为是找不到工作而打零工；后来说到灵活就业，人们又会想到快递小哥或者网络主播……

就在人们还为到底什么样的就业才能冠以“灵活”二字时，很多大学生已经默默地做起了准备。一部分人已经走出了第一步，他们的灵活就业，加入了更多的智力因素与科技因素。

这几年，我国灵活就业人数明显增加。据《中国灵活用工发展报告（2021）》蓝皮书公布的数据显示，2020年中国企业采用灵活用工比例约55.7%，比2019年增加约11个百分点，近30%的企业打算稳定或扩大灵活用工规模。

作为思维更加活跃、创新能力更强的群体，大学生成了共享经济、平台经济中的一支生力军。与一般的灵活就业不同，大学生的灵活就业，是在互联网、大数据等新技术应用背景下、新业态下的自主就业和创业。

根据全国高等学校学生信息咨询与就业指导中心数据统计，2020届全国高校毕业生的灵活就业占比16.9%，2021届高校毕业生灵活就业占比16.25%。这些选择灵活就业的大学生是如何走上这条新形态的就业之路的？他们在这个过程中又有哪些困难和收获呢？

“灵活就业是新的就业趋势和就业渠道。相对于那些长期稳定的就业，灵活就业的人可以随时做，也可以随时走，对于企业来说用谁、如何用、用多久也都比较灵活。”东北师范大学就业创业教育研究院教授、全国高校就业创业指导教师培训特聘专家李亚员说。

我与同事在采访中发现，不少选择灵活就业的学生其实在大学期间就已经有了“单干”的打算，甚至不少人大学期间就已经开始干“私活”了。

在1997年出生的小海看来，就业不一定要找“稳定”的工作，他说：“现在各种机会很多。”

为了赚些零花钱，小海从大二开始便在别人开的网店做兼职动画设计，他觉得“活儿很好找”，自己会用Maya软件（一款三维建模和动画软件）就行，先去某宝上搜索“Maya模型代做”，搜到之后就去对接客户具体的需求。就这样，到大三时，小海已经自己开了网店。毕业后，他没有去找工作，而是在学校的产业园注册了公司，开始创业。

与小海同年出生的小音有着类似的想法。小音大学学的是珠宝鉴定与经营专业，因为自己家人就在从事与珠宝相关的行业，从进入大学校门那天起，她就做好了将来单干的打算。

“学我们这个专业的，最后真正能留在这行业的人并不多，”小音说，“如果留在大企业里，开头几年很难接触到真正的专业。但是如果自己创业，前期需要的资金又比较多，比如囤石头、出鉴定书等，都需要先期投入资金。”

为了能顺利进入这个行业，小音跟合作伙伴一起做了很多调研，仅被称为“珠宝之都”的深圳水贝，他们就去过多次。

毕业之后，小音小小的“微店”便开张了。

在小音看来，她之所以选择灵活就业，是因为知道这种工作形式，可以让她的个人能力得到快速提升。在她看来，职业没有什么高低贵贱之分，要看自己的能力。

“很多人说，中国的人口红利正在减少，但其实人力资源的红利还将延续很长时间。”全国就业创业指导委员会新就业形态与创业专家组副组长、全球青年创新领袖共同体促进会会长孙焱在接受采访时说。在她看来，新的就业形态有着数字化、即时化、智能化这“三化”的特点，这些带来的是海量的资源，因此需要能高效地对不同类型的海量资源进行匹配的人才，需要有大量具备高附加值的人力资源。”

“过去，很多大学生愿意选择到外企去，到大的企事业单位去，也就是过去的所谓‘大厂’，为的是获得更多的资源，而现在网络平台就能提供这些。”孙焱说，“即使你是一个个体、一个很小的工作室，也能在平台上获取大量的资源，只要你具有协调整合的能力。”

大学生选择灵活就业的背后，除了有着理性的逻辑链外，还有着“95后”身上浓浓的“爱自由”的气息。这一代“95后”在进行职业选择时与上一代和上上代有着极大的不同，除了注重薪资水平，他们更注重工作的职业发展潜力、与自身兴趣爱好的匹配程度、职业的自由度和舒适度，以及职业带来的自尊感和成就感等。

有人甚至把自由放在了更重要的位置上。一个学生说，自己之所以选择自主创业，有一部分原因是想逃避朝九晚五的、统一规制化的“社畜生活”(“社畜”，网络流行词，指在公司很顺从地工作，多用于自嘲——笔者注)。

那么，选择了灵活就业的大学毕业生，是不是就要一直“灵活”下去呢?

并不是。

他们中的不少人在“灵活”了一阵子之后，又过起了给别人打工的生活。因为经历了这样一段尝试之后，他们知道了自己身上存在的不足，所以往往愿意选择到更大的平台上去给自己“补课”。

也有专家表示，部分大学生在进行就业选择的时候会有一定的盲目性，因此对这些人来说，可以在灵活就业阶段给自己一个了解真实社会的过程，同时可以在真实的社会生活中对自己的能力和发展方向进行一次校准。

当然，当前灵活就业还存在一些制度上的欠缺，比如必要的社会保障等。好在国家也意识到了这些问题，相关政策正在制订和出台过程中。

不过，无论怎样，我们知道，当年轻人在“不走寻常路”地迈开脚步时，他们其实正在越来越靠近自己的内心。也许他们会迷茫，会遇到挫折，但值得庆幸的是，这其中的每一步都是他们自己选择的。所以，无论是成功的经验还是失败的教训，都必将成为他们成长中的财富。

有热爱，就勇敢去追！

我采访小童的时候，她还是个初中生，现在已经高三了。不变的是，这个看起来腼腆的小姑娘，依然对充满对抗性的冰球满怀热爱。

谁说冰球是男孩子的运动？谁说女孩子就不应该参加高对抗运动？谁说女孩子就不能和男孩子同场竞技？

采访小童的整个过程我都不自觉地羡慕她，欣赏她。一个女孩子，小小年纪就确定了自己的爱好，还能一直坚持，真好！

见到小童是一个周六的晚上9点半，冰场上正在进行的是北京一所中学和一所大学的训练赛。小童从冰面上走来，被汗水浸湿的头发贴在额头上，穿着整套装备的她显得高大威猛，脸上绽放的憨厚而灿烂的笑容还带着孩子特有的稚气。

大概是受冬奥会影响，越来越多的人开始关注冰雪运动。其中的冰球项目，以速度与技巧并重的独特魅力，吸引了不少青少年投身其中。这几年学冰球的孩子越来越多了，不过，与小童年龄相仿的冰球爱好者还不是太多，尤其是练冰球的女孩，更是少之又少。

小童从4岁起开始接触冰上运动，最初练的是花样滑冰。七八岁时一次偶然的机会，看到花滑隔壁冰面上正在进行的冰球训练，“哇，太酷啦！我就有了改练冰球的想法。”小童的眼睛里闪着光。

从此便一发不可收拾了。练冰球的女孩少，小童一直跟着男孩一起练，也是队里“唯一的女队员”。只要小童上场，队友就会给她最好的保护，但是冰球运动讲究的是速度和力量，比赛是要看结果的，赛场上的冲撞在所难免，而“被保护得最好”的那一个，往往会成为对决中对手攻击的重点。

小童在校冰球队的位置是左前锋，主职是进攻，也要参与防守，“对手经常会抢我的球，我是队里的承受伤害MAX。”小童云淡风轻地说。

这个过程在家长眼中就没有这么轻松了。“有一次比赛，我亲眼看她被撞飞出去，那时候真的怀疑，一个小姑娘是不是应该练这个?!”小童的爸爸说。

常年的训练比赛，小童对胳膊上、腿上的瘀青习以为常。不过，2019年8月，小童却因为受伤大哭了一场。

2019年，小童作为北京女队的一员一直在为全国青年运动会备战，出征前的一次冲撞，她的右臂严重受伤。父母迅速把小童送到医院。医生看到她的伤势后说：“至少要休息一个月，球肯定不能打了。”

小童的眼泪一下子就停不住了，医生和父母都以为是伤得太严重，疼的。但是小童说：“我当时真的没有觉得胳膊有多疼，我是一听不能参加比赛了，急的。”

后来，小童还是参加了这次比赛，作为队里的中锋，上场时右臂缠上运动绷带，下场之后再迅速戴上支具固定。

经过多年摔打，“00后”小童身上很难看到大城市女孩子的娇气，而是多了份坚毅。

“因为要分别参加校队、区队、市队的训练，以前我一周一共要有5个晚上上冰，现在升入初三减少了上冰次数，每周也要有3次。每次上冰训练都至少要两个小时，一个半小时在冰上，加上陆训半个小时。”小童说，再加上往返路上的交通时间，很多时候训练完到家都已经很晚了，还要完成当天的作业，确实比别人辛苦很多。

因为时间紧，小童最大限度地提高自己课堂上的听课效率，只要遇到不懂的地方就第一时间问老师，然后就是充分利用学校里的所有零散时间，课间和自习时间一分钟都不浪费。

这么辛苦，不少人问小童后悔不后悔选择了冰球。“从来不后悔。”小童说，“因为冰球是团体项目，要速度与技巧，还要动脑想战术，对我来说是一种很大的提升。更重要的是，团体项目大家要一起赢、一起拼、一起笑、一起哭，这种经历太难得了。”

如今，小童经历过了中考又将迎来高考。不过，对她来说，无论什么时候也不会丢弃对冰球的热爱。在她内心还有一个小小的心愿：希望有一天能穿上国字头的服装，代表国家参加比赛。

为梦想拉上同盟军

天下有几个父母不爱自己的孩子？即使他们为孩子设计的前程规划不一定适合、完美，也并不意味着他们不爱孩子，只是爱的方式有误罢了。

将心比心，孩子在追求梦想的道路上，还是应该尽可能争取父母的理解和支持。

我们来看看小朱的故事。

采访小朱的时候，他还是一名大学生，现在已经结束了留学。

大学生小朱摘取了大学生魔术界近景魔术金牌，被称为大学生魔术师里的“刘谦”。

高中时代，小朱对魔术的喜爱就几近痴迷。为了学习魔术，书店成为他常去的地方。购买魔术教学书籍太贵，小朱只能将内容一点点抄下来，回家慢慢研究练习。

魔术确实是一个需要成本的爱好，尤其是道具，别看很多道具看起来不起眼，但都需要专门制作而成，十分昂贵。父母给的日常零花钱，小朱基本都用来支付各种道具费用，但仍不免捉襟见肘。

进入大学后，小朱开始尝试着自己做道具：他从市场上买回便宜的工艺品，然后在宿舍里自己琢磨着如何把这些东西变成魔术道具。那时，同龄孩子都在充分享受大学生活的自由、快乐和浪漫，他却经常出没于北京各大批发市场，在各种杂货、小商品中挑来拣去。一些不起眼的小东西，在他手中都会成为神秘的魔术道具。

再一个难题是练习。魔术跟其他才艺不同，一般才艺都可以在大庭广众之下进行练习，至少不用刻意避人，但是魔术不行，在别人面前练习就不可避免地会暴露魔术的机密。所以，小朱通常要等大家都睡着之后，才搬着桌子到楼道里练习。很多个夜晚，睡得迷迷糊糊的同学起夜，会被在楼道里练习的小朱吓到。

就这样，大一时，小朱第一次参加全国规模的魔术大赛，没想到竟然获得了舞台组银奖。小朱非常兴奋。

取得了一点成绩，这个从小到大的乖孩子自然希望得到父母的认可，于是急忙将消息告诉父母。不想父母的态度却是："既然都拿了奖，玩出了名堂，就没有必要继续了，学习还是更重要的。"

直到有一次小朱在一个知名节目中进入了北京赛区的决赛，他又一次希望得到父母的支持。于是决赛那天，他特意让父亲开车送他到赛场，并邀请父亲看一看自己的表演。父亲这才在观众席上找了一个靠后的位置坐下。

小朱尽力表演了自己的节目，结束后，3位评委全部起立、鼓掌，并一致给了他“通过”。“这时候我看到了父亲，他在抹眼泪……”小朱说。

至此，小朱终于以自己的出色表现，赢得了父母的理解和支持。

在一些孩子的观念中，似乎只有跟父母对着干，才算坚持自我。其实父母在给孩子进行规划时，总会更多地结合自己的生活经验、当时社会的整体情况，同时还会更多地考虑安全、可行性等因素，从这个角度看，父母绝不会存心跟孩子作对。但是爱也要选对方式，爱更要建立在相互理解的基础上。爱孩子就要尊重孩子的想法，并尽可能去理解他。

另一方面，作为子女，如果你内心有一个强烈的爱好，而父母又不太支持时，不妨先用自己的努力、认真和投入证明给父母看，让父母打消顾虑，相信大多数父母是会理解的。

就像小朱所说，最初，在很多人眼里，魔术之类都是学习不好的孩子才会涉猎的。自己的父母估计也是因为对魔术持有类似的看法才会反对。

但是，当小朱不断地努力，并用实际行动告诉父母自己是在认真地做这件事时，父母也就改变了态度。

按照常理，获得了父母的支持同时也靠自己的努力在魔术圈中赢得了自己的位置，小朱应该顺着这条路走下去，但当一切都顺理成章时，小朱决定放弃自己已经取得的成绩、放弃自己努力赢得的荣誉和金钱，选择了出国读研究生，深造的方向是法律。

从小朱的选择看，父母们对孩子的担心有时是多余的。其实，孩子是否会把路走歪，关键并不在于他现在做什么选择，而在于从孩子很小时候开始，父母是否给了他正确的引导。比如，正确的价值观、端正的是非观、对自己决定负责的责任感、能吃苦的精神，还有善良、诚实、正直等特质，如果有了这些，那么就放手让孩子去试，即使出现了小的偏差、遇到了某些挫折，相信孩子最终一定能找到正确的道路。

就像小朱，他清楚地知道，如果毕业后继续从事魔术表演，前三年会很挣钱，但自己还不够成熟，阅历和思想深度都还不够，可能会永远停留在一个层面。

梦想可以天马行空，计划要一步一个脚印

随着接触的学生越来越多，我发现，遵从个人的兴趣、尊重自己内心的观念已经渐渐地融入了这一代年轻人的头脑中，很多人从很小的时候就明确地知道自己将来要做什么，并坚定地一步一个脚印地朝着那个方向前进了。

小许就是这样一个人。

小许的故事离今天稍有些远，但是非常典型，我很想在这里和大家说说。

2013年9月21日，肯尼亚首都内罗毕遭遇恐怖袭击。事发1个小时，在新华社非洲总分社（肯尼亚）实习的研二学生小许和同事就赶到了现场。

事情来得突然，收到同事短信时，小许还以为只是一般的抢

劫。直到听见来自现场的一连串枪声，他才意识到，将要参与到自己人生第一次遭遇恐怖袭击的报道中。

能成为一名记者，特别是一名战地记者，是小许一直以来的理想。

小许从小爱看电视新闻，即使在做着其他的事也要把电视开着才安心。第一次听说记者这个职业是在1999年。那一年，我国驻南联盟大使馆被轰炸，当时有三名中国记者遇难，电视台天天都在滚动播出对这三位记者的缅怀以及对于美国行径的谴责。当时的小许觉得，除了警察和军人外，作为一名记者也可能成为英雄！

可能每个男孩子内心都有一个英雄情结吧！

2003年伊拉克战争时，小许已经是中学生了，每天看着电视上的记者在事件发生最前端发回来的报道，他觉得这样的工作才最惊险刺激，同时也是对整个人类有意义的工作。所以，从那个时候起，他就下决心将来要当一名记者，而且如果有机会，一定要当一名战地记者。

因为对于这个职业的向往，小许开始大量关注每天发生的各种新闻，他把看新闻当作了解记者工作最为直接的一种方式。那时候，小许每天放学回家后的必修课是浏览一遍即时新闻，这个习惯从一直延续到高三。

为了一点点地向自己的理想靠拢，小许还报名参加了学校电视台的工作。

高考时，小许坚定地选择了广播电视编导专业。

上了大学之后，小许开始为自己的理想进行更加专业的训练和积累。大二时，他和同学申报了国家级大学生创新项目，把目光投向普通的农民工。在新媒体大趋势下，农民工群体中手机普及率大大提高，怎样利用手机来帮助农民工就业？小许和同学在菜场、学校、工地等地方，找寻不同的农民工群体，发了400多份问卷，连续几天熬夜，在软件中输入数据。加上后续采访、分析，这个项目整整持续了两年。

这件事对小许来说意义重大。如果说在此之前，小许的梦想还是“放在嘴边”“摆在天上”的话，那么这个项目让小许看到了媒体的另外的作用。他第一次发现，媒体原来可以为社会做这么多事，远不止于传递信息。

在跟小许的接触过程中，时刻能感受他的沉稳，他身上有一种让人能安静下来的力量。

起初总觉得他给人的这种感觉跟他的性格有关，是一种少年老成。后来才慢慢感到，他身上的那种东西是经历后的淡定。

因为要给几个曾经采访过的优秀大学生拍演讲视频，有机会跟小许有更近距离的接触，我发现，每次见面聊他的故事时，他总是平静的，似乎缺少激情。

在我的观念中，人，尤其是年轻人，在谈论梦想、理想时的状态应该是激情澎湃才对，小许却好像没有“燃烧”过。

拍摄那天，小许排在第一个。讲完了之后，拍摄组觉得效果不理想，准备让他调整后再讲。大概因为小许是我们这组拍摄的第一个人，同时，还是我们这些纸媒文字记者尝试用视频拍摄的第一个人，双方都缺少经验吧，造成小许的演讲并不十分精彩。

我们大家对接下来该怎么具体改动并没有太多的想法，只是简单地告诉小许，吃过中饭之后，要给他拍第二遍。

小许跟我们的策划人员进行了简单沟通之后，就去自己准备了。午饭过后，他回到了录制现场，淡淡一笑说：“准备好了。”

果然，这次录制效果一下子出来了！

短时间之内成功进行调整，肯定跟小许多方面的素质有关系，但是，我觉得他的平静与稳定在这个时候帮了他很大的忙。

一个20岁左右的毛头小伙儿，如何拥有了这样沉稳的心态？想来想去，我觉得与他从初中开始就确立了理想，并且一步一个脚印地走下来有关。很多人并不缺少理想，但是半途而废的更多些。大多数人只是有了理想，但是没有考虑如何才能实现这个理想；那些想过如何实现的人，又没有多少能够制订出切实可行的计划；而少数制订了计划的人，又不一定能真正地按照计划去实施……

就这样，不少人轰轰烈烈地拥有了理想或梦想，但是并没有一步一个脚印地向那个理想迈进。

当一个小伙子用人生一半的时间都在奋斗，都在按照自己的计划一步一步地朝着一个方向努力时，这样的人内心怎能不踏实？怎么会不拥有一个淡定的状态?!

梦想可以天马行空，计划要一步一个脚印。

没上过名校的人生同样可以精彩

有些人的梦想是被点燃的，比如小许，一次有如往常的看电视，让他找到了偶像，从此他想做“像他一样的人”。有的人的梦想没有这种“命中注定”的力量，而是在不断重复地做着一件事的过程中慢慢积累起来的，比如下面我们要说的邢正。

前几年，一些智力竞赛型的节目受关注度很高，比如,《最强大脑》《中国汉字听写大会》《中国诗词大会》《中国成语大会》等等。随着这类节目的火爆，一些普通人在竞赛中被更多人熟知。

邢正就是其中一个。

邢正在《中国成语大会》上获得了亚军。一下子，这个北京小伙子、就读于北京建筑大学的年轻人，成了媒体和公众关注的焦点。

其实，邢正早在高三时，就参加了北京电视台的综合知识竞赛类栏目《SK状元榜》，并获得了两期冠军。

不过，跟大家想象的不一样，拥有如此“战绩”的邢正并不是学霸。相反，一口纯正“京腔”，时不时抖出个包袱，麻秆一样高瘦，让人跟他在一起时总有一种恍惚的感觉：莫不是在听马三立讲故事？

跟前面提到的那几个年轻人相比，邢正并不特别，他既不身怀绝技，也非赫赫有名。翻看邢正的简历，他的整个求学背景也似乎没有什么值得炫耀的：在北京郊区度过了小学和中学，大学也不是那种响当当的名校。

但是，就是这么一个普普通通的男孩子，却每每让人大跌眼镜，——他通过自己的努力，走出了一条有着鲜明“邢正特色”的道路。

邢正参加《中国成语大会》也挺偶然，被推荐参加的时候他还犹豫了一阵儿。

从报名到海选只有一周，而这时候大多数选手都已经准备了半个月。邢正报完名才发现，所有选手人手一本《成语词典》！于是他直奔书店，买了词典，开始备战。

参赛者高手云集。邢正介绍，海选的时候，选手不少是北大、清华的学生，有的还是博士生，而且不少参赛选手还是古汉语专业的，完全的科班出身。看着这样的对手，邢正自己心里也打鼓。

不过，邢正顺利过关了。

邢正不仅在海选中顺利过关，在后来的比赛中，那些看起来强劲的对手竟一个一个被比了下去，而一直没被看好的邢正，却一场一场地赢了下来。

看似挺轻松。其实，稍微多了解一点儿，就会发现邢正这种轻松的背后，其实是毫不投机取巧的勤奋。

刚刚海选结束，一个比邢正早半个月开始准备的选手，看着他手中的词典非常惊讶：“你这词典里的重点词怎么都画完了？”言外之意是“你全都看过了?!”同样一脸惊讶的邢正说：“我那天报名，看你们都已经开始看了，还以为我比你们都慢了呢！”

就是这样，因为没有名校出身、没有精英光环，邢正总把自己放在一个后进者的位置上，习惯用“笨”功夫。而就是这种铆足了劲儿的闷头儿追赶，却一次又一次把他带到了领先的位置。

也有不少人觉得，在这样一档电视节目上获得成功不算什么：肯定有词库，背熟就行了呗！

确实，在《中国成语大会》录制阶段，所有选手每天都抱着《成语词典》强化训练，也就是背，邢正也不例外。

但是真正让邢正脱颖而出的，绝不是临时抱佛脚的本事，还是他惯常使用的“笨”功夫——经年累月的阅读。

父母对邢正的教育还是比较随意的，不太苛求他必须学好哪门知识，也不限制他买书、读书。

初中时，他每学期都要去一次图书大厦，每次花上几百元钱，背了满满一书包书回家看。

直到现在，邢正还一直保持着随心所欲的阅读习惯：从儿时的《十万个为什么》到《道德经》，再到《欧洲史》，看得越多就越想看，什么都看。后来，他已经到了“只要带字儿的就能让我安静下来读下去”的境界。

有一次，学校为拍毕业季的宣传照，叫他和几个同学帮忙。他第一个出镜，造型就是“看书”，于是，他随手拿起一本书便读了起来。他的镜头拍完了，所有人都拥向了第二个同学，然后第三个……等其他同学都拍完了，邢正还坐在原来的地方继续看着随手拿起的那本书，直到摄影老师也转向别处取景时，他那本书也看完了。

现在的家长都知道阅读的重要性，也都在努力培养孩子的阅读习惯，但有一个问题不知家长是否注意了，——很多家长在培养孩子的过程中总是急于看到效果。比如，培养阅读习惯，孩子刚看了几本书，就希望他能出口成章，就希望能一下子跨越诸多语文学习障碍。

邢正是幸运的，他一直拥有一种“随心所欲”的阅读的状态，这让他一直对阅读抱有浓烈的兴趣，而在兴趣的驱使下，一本又一本的书被他看完，一年又一年的阅读让他的积累远远超出同龄人。

家长的不功利，让邢正的学习也不带有功利性，他对学习永远充满热情。无论与他所学的专业是否相关，哪怕在很多人看来有些形式化的活动他也愿意参加，只要他觉得有兴趣。一次学校里有中国国家交响乐团的演奏会，很多同学认为这个跟自己的专业关系不大，也带不来实际的好处，所以根本不去听。“你知道外面演一场门票多少钱？还不去听听！”每到这个时候，邢正总是为身边的同学惋惜。

不少人经常纳闷儿，邢正的脑子怎么会装下那么多的东西？“身边到处都是学问，你不学，我学，我不就比你强了嘛！”说到这儿，邢正嘿嘿一乐。

“现在人太功利了，只想得到那个结果，重要的过程却给丢了。”邢正说，以前的人做学问，为了找到想要的一句话、想了解的一个道理，可能会把整本书翻完。在这个过程中，除了找到要找的资料外，无形中还积累了更多的知识。

但是，现在科技发达了，在网上一检索，想要的东西就都出来了，但是触类旁通的学习过程没有了。

很多人都羡慕成功者的光鲜亮丽，但是真正的成功背后哪个没有深厚的积累？那是几年、十几年甚至几十年的默默积累！著名华人导演李安两度获得奥斯卡最佳导演奖，取得了傲人的成就，但是在他拍摄第一部电影之前，曾经窝在家中当了6年的“家庭主夫”。而这6年他并没有闲着，看了海量的片子，做了大量的阅读和研究，那是真正的厚积而薄发——只有厚实的积累，才会有薄发的一刻。但是很多人耐不住漫长的积累过程的寂寞，早早地转移了方向，而几次转移过后，机会也无声无息中从身边溜走了。

任何惊心动魄的绽放都离不开长时间的积淀，好在，如今已有越来越多的年轻人意识到了积累的重要性。

追求成功，没有捷径

曾经有人给出过这样的等式：成功=1%的天赋+99%的努力。后来又有人说，这句话不完整，完整的表述应该是：1%的天才比99%的努力更加重要。

其实，无论怎样的表述，都是需要具体语境的。但是无论1%和99%到底哪个更重要，诸多已成功为自己选定道路的年轻人的故事告诉我们，成功和天赋之间加上了努力，等式不一定就会成立，但是如果没有努力，这个等式是一定不会成立的。

为什么那么多家长都焦虑，给孩子报那么多班，他们不心疼自己的孩子吗？应该承认，并不是所有的家长都那么功利，很多家长是在尽责：希望在孩子面前打开更多扇窗，寻找更多可能性；希望能帮助孩子寻找到擅长的方向，避免将来有一天为自己的不曾尽力而懊悔。

只是大部分孩子并没有十分突出的天分，所以不少家长羡慕那些天赋异禀或者拥有特殊才能孩子的爸爸妈妈：如果有这样一个兴趣特长显著的孩子，那他的人生道路规划起来要省事得多！

不过，有天赋孩子的成长之路看似清晰，但是走的过程也并不轻松。

我曾经采访过一对拉小提琴的双胞胎——王鑫怡、王鑫悦，这对姐妹这样告诉过我：周围的人很难理解我们的痛苦，许多人都觉得我们学音乐了，应该很轻松快乐，但是我们身边没有人走过这条路，没有人能给我们指导。

许多人觉得，如果走一条大家都在走的路会轻松很多，因为那条路上有太多的成功经验可以借鉴，而不走寻常路意味着要付出更多。

这姐妹俩确实有音乐天赋。

学音乐的几乎都知道，美国茱莉亚音乐学院是世界上最顶尖的音乐学府，被称为“音乐哈佛”，每年的录取率仅有7%左右，很多学音乐的孩子最大的梦想就是能到这所学院深造。姐妹俩19岁的时候取得了这所学校的入学资格。

但是，她们放弃了，而是选择了另一所大学——巴德文理学院。她们想要学哲学。

据调查，中国至少有3000万琴童，很多琴童过着简单、压抑的日子，生活中除了练琴几乎什么都没有，只为有一天能获得郎朗式的成功，进入“茱莉亚”“柯蒂斯”这类名校，成为世界级音乐家。但是这对双胞胎姐妹，却没走这条众人眼中的星光大道。

为什么？

当我坐在她俩面前，听了她们的故事之后，我理解了她们。同时也明白了，即使是那些被众人羡慕的、极有天赋的孩子，也还要面临诸多选择，而任何选择都会有艰辛的一面，如果在苦难面前低头了，即使再有天赋，成功也只能是渐行渐远的水中月、镜中花。

曾经，如果不学音乐，这姐妹俩可能是学霸。

姐妹俩6岁那年开始学小提琴。“当时没有什么感觉，家里让学就开始学了，因为听话，所以让练也就坚持练了，很单纯地为练琴而练琴。”姐姐王鑫怡说。

跟很多家庭一样，家长们让孩子学音乐一般也只是希望尽可能在孩子面前打开更多扇“可能”之门，让他们将来的发展有更多的可能性罢了。所以王鑫怡、王鑫悦最初学琴时并没有想过将来要走专业的道路，不过是为了培养一个兴趣爱好。“10岁生日时，我们在青岛演出，演出结束爸爸曾经问我们：‘将来要不要学音乐？’被我们斩钉截铁地拒绝了。”王鑫怡说。

当时姐妹俩也在学绘画，如果非要做个比较的话，她们当时在绘画上的造诣甚至比小提琴还要高：小学时她俩参加了一个以世界和平为主题的绘画比赛，获得了金奖，那个时候她们的画就在中国美术馆展览了。

两个人的文化课成绩也非常好，对数学很感兴趣，一年级起就开始学奥数，而且成绩很好。小升初时，两个人到了一所很好的中学，学习成绩依然很好，“每次大考，都出不了前10名。”妹妹自豪地说。

如果在文化课这条路上一直走下去，王鑫怡和王鑫悦很可能会成为学霸。

所以，当上完预初（笔者注：上海实施五四学制，初中四年，通常第一年被称为预初），姐妹俩决定转到音乐学院附中时，所有人都对她们的决定感到震惊，“校长甚至觉得我们一定是疯了。”王鑫悦说。

转变发生在12岁，“我们突然开窍了！”姐妹二人突然发现自己爱上了音乐、爱上了小提琴，音乐成了她们生活中不可或缺的部分。如果说以前练琴是出于听话和习惯，那么到了中学之后练琴，成了姐妹俩的一种渴望。

这时候，中学越来越繁重的学业负担，开始不断地跟她们争夺着学琴的时间。

该是做决断的时候了。

经过一番考虑，姐妹俩决定走音乐之路。

凭借优异的拉琴成绩，王鑫怡、王鑫悦进入了音乐学院附中。“进来之后才发现，我们跟其他孩子还是有差距的。”王鑫悦说。

王鑫怡、王鑫悦两姐妹回忆着，都觉得这是她们人生中遇到的第一个转折，第一个迷茫期。

在附中，双胞胎姐妹开始了真正的音乐专业学习。“我们过去在业余比赛中拿了很多次第一，到了这里才发现，原来音乐专业的人是根本不参加业余比赛的。”姐姐王鑫怡说，原来附中的学生有不少是直接从附小上来的，“他们用几年的时间已经达到了相当高的标准了，而我们的头脑中是没有清晰的标准的。”

姐妹俩第一次感到不自信了。

与此同时，一些圈中流行的功利做法也向她们涌来。学音乐的孩子不少在忙着参加各种国际比赛，甚至有种甚嚣尘上的说法：学音乐专业的如果在18岁之前没有在国际上获过奖，“那基本上就练不出来了”。

初进专业圈的这对姐妹也希望尽快站稳脚跟，但是，一直处在业余圈中又很难一下子找到专业圈的标准。而这个时候，周围的人却很难理解她们的痛苦，一般都会觉得，学了自己喜欢的，应该轻松愉快才是。

好在姐妹俩是那种头脑清楚的人，在迷茫了一段时间之后，她们决定不再盯着别人，“我们必须做最好的自己”。

没有别的办法，只能不停地练，寻找那个“标准”。

以前，别人总说她俩有天赋，“后来我知道了，有天赋也是需要不断努力进步的，每当你自己怀疑自己的时候，天赋就不见了。这时候就需要通过不断练习，让自己进步，让天赋也跟着不断进步。”姐姐王鑫怡说。

就这样，姐妹俩终于在内心找到了自己的位置，自然而然也跟大家融合了，“就像到了一个新地方，终于融入了那个地方的方言一样。”妹妹王鑫悦说。

做出选择常常是很难的，所以家长们才会如此纠结。而每一步都是自己做出选择的王鑫怡、王鑫悦却悟出了一个道理：其实选择并不可怕，因为无论哪条路都不是捷径，而做出选择之后所付出的那些持之以恒的努力，才是决定你的选择是否精彩的关键因素。

“路”没有好坏之分，只有“走”得好与不好。

尾　声

"00后"只是与你不同

最近碰到了这样一件事，感触颇深：因为疫情，不少十几岁的孩子被憋在了家里，他们中的一些人因为有了更多自由支配的时间而成了做饭能手。

我约了一位妈妈想聊聊她家孩子的做饭故事。不料，采访从一开始便被这位妈妈带偏了。

这位妈妈很认真，采访前一晚进行了大量的素材准备，大概是因为图片和视频太多，电脑在操作过程中瘫痪了，这位妈妈便打了N个电话进行咨询，又用手机上网查了不少资料，可整整一个晚上也没能把电脑修好，"第二天一早，女儿知道后，立刻去一个App上花了10元找了一位电脑高手，这位高手用QQ远程操控'我的电脑'，几分钟就弄好了。"这位妈妈哭笑不得地说。

于是，那次采访就变成了"70后"对"00后"的再认识。

我们在谈论任何一代人时都不能脱离他们生长的时代，对待

“00后”更是如此。这是在互联网环境下长大的一代，他们内心有关“共享”“平等”等观念不是被教育出来的，而是互联网这个环境本身具有的特性带给他们的。再加上他们在成长过程中先后经历了北京奥运会、上海世博会、载人航天等，见到的是一个强大而快速发展的国家，而所有这些叠加在一起，便形成了“00后”群体的底色。

很难能说清楚，这层底色让“00后”有了哪些具体的特质，但是有一种感觉却越来越清晰：这群孩子活得敞亮。

比如花钱，我在采访中发现，不少“00后”都是“VIP”加身。当他们的“70后”“80后”父母还在网上的犄角旮旯拼命搜寻各种免费资源的时候，“00后”早就开始为了追动漫而给视频网站付费，为了看书而在阅读平台上付费，为了听音乐而给特定的App付费……他们觉得每个月花几元或者十几元成为某平台的会员，可以看到更多精彩的内容、享受更多会员权益，挺合理。

对喜欢的东西，他们不仅愿意在上面投入“银两”，更喜欢“晒”。翻看被同学称为“汉服神”的一个中学生的朋友圈，你会发现，这个同学会为了一件衣服折腾半个月：先是在网上挑选，选中的样式就会发到朋友圈，让大家提意见和建议，她不需要简单“点赞”，“想说就说出个具体意见，没想法可以闭嘴”。综合大家的意见后她会继续挑选，然后发起又一轮讨论，最后，她买下了很多人都看好的那一件，最后的最后还要来一场“买家秀”，这时候她要的是赞美：“大家多多‘点赞’！”

一个中学生的一次购物行为，被一群中学生搞成了“网上狂欢”。

有些成年人会说，“00后”“站着说话不腰疼”，他们的消费不与生计挂钩，不需要算计。不过在“00后”心目中，成年人的消费才是真抠巴。“在十几元的会员费上左右思量，但是为了个名牌包会花几千甚至上万元。”一个中学生这样抱怨自己的妈妈。

无论你是否认同这群“00后”，都不得不承认他们活得更恣意、更真实、更敞亮。这敞亮的背后，其实是一种从骨子里流淌出来的自信。这种自信与他们生长的时代有关，与他们被海量资讯“武装”有关，更与他们受到的关爱有关。

所以，当我们看不惯“00后”的行为想批评他们时，请先忍住，试着去理解他们。你会发现，那只是他们回应这个世界的方式，无关优劣，只是与你不同。

孩子成长过程中，往往会出现一些重要的人和关键的事。智慧的家长，要在关键的时刻，成为那个对孩子产生关键影响的关键人。

后 记

这本书历经了两次创作，第一次是8年前，由于种种原因书稿完成之后搁置了。今年再次捡起重写，才发现立意依旧，但是我所采用的素材已是全新的了。

由此可见，8年之间，我们的教育发生了翻天覆地的变化。很多涉及教育深层次问题的政策纷纷出台，人们的观念更新又更新，连大家谈论教育时的用词、惯用词语等话语体系也发生了极大的变化。就在写作的这几个月中，很多需要引用的数据又有了新的变化，一些政策也从不明确到明确，从酝酿到实施。

当终于完成这一稿的写作时，回头再看，仍感到还有很多内容没有涵括进来。遗憾的情绪越来越浓烈，甚至有了再推倒重来的冲动。

静下来想想，这其实跟教育孩子的过程有着不少相似之处，书稿写作总也赶不上素材出新的速度。教育，何尝不是始终由

“变”和“不变”两种看似矛盾的力量左右着?

现在的中国教育，正处在一个大动荡、大变革时期。

“变”的是教育环境,“不变”的是孩子的本性。

因为有着“变”与“不变”两方面的因素，与孩子的成长和教育相关的话题，就永远是一个需要讨论的话题。

当把很多采访中的感悟集结起来后，马上感到还有更多的问题没有想清楚，还有更多的话题没有充分讨论。期待今后会有更多学生、老师、家长与学者们一起来更深入地思考并探讨这些问题。

本书写作过程中，承蒙主编孙云晓老师、北京出版社赵萌老师的大力帮助。正因为有了你们的帮助，我才有勇气把这件事完成。

也要感谢《中国青年报》的编辑老师，这里引用的每一篇报道，都有你们的心血。同时也感谢所有我采访过的专家、学者、老师、家长、学生，没有你们无私的分享，就无法完成我的一篇篇报道，也无法积淀出我在了解了众多案例后的思考。没有这些，就不会有今天这本书的出版。

还要谢谢我的家人。在我20多年的新闻采写生涯中，他们一直是我最坚实的后盾。正因为有了他们百分之百的支持和牺牲，我才能心无旁骛地沉浸在新闻采写的工作中。

感谢所有帮助过我的朋友!

樊未晨

2022年9月

图书在版编目（CIP）数据

孩子的人生“卷”不赢／樊未晨著. — 北京 : 北京出版社，2023. 3

（自己叩开幸福门／孙云晓主编）

ISBN 978-7-200-17444-1

Ⅰ. ①孩… Ⅱ. ①樊… Ⅲ. ①职业教育—中国—文集 Ⅳ. ①G719. 2 -53

中国版本图书馆 CIP 数据核字（2022）第 184359 号

自己叩开幸福门

孩子的人生“卷”不赢

HAIZI DE RENSHENG “JUAN” BU YING

樊未晨 著

*

北京出版集团
北京出版社 出版

（北京北三环中路 6 号）

邮政编码：100120

网 址：www . bph . com . cn

北京伦洋图书出版有限公司总发行

新华书店经销

北京雁林吉兆印刷有限公司印刷

*

890 毫米×1240 毫米 32 开本 8. 25 印张 165 千字

2023 年 3 月第 1 版 2023 年 3 月第 1 次印刷

ISBN 978 -7 -200 -17444 -1

定价：40. 00 元

如有印装质量问题，由本社负责调换

质量监督电话：010 -58572393